Alle Iren
haben rote Haare

Länderklischees und die Wirklichkeit

Hartmut Ihnenfeldt, Elisabeth Pfurtscheller (Hrsg.)

Impressum

© Coverbild: istockphoto-Filograph 652532988
© Karte: istockphoto-chokkicx 503785245
© Reisebuch Verlag 2020
Parkstraße 16
D-24306 Plön
Alle Rechte vorbehalten

Reisebücher in Print und Digital - Reisecontent
www.reisebuch-verlag.de
verlag@reisebuch.de

ISBN: 978-3-947334-38-4

Inhaltsverzeichnis

Vorwort 8

Einleitung 10

1. Typisch albanisch 17

2. Typisch australisch 30

3. Typisch chinesisch 38

4. Typisch deutsch 49

5. Typisch englisch 63

6. Typisch französisch 72

7. Typisch griechisch 80

8. Typisch holländisch 90

9. Typisch indisch 108

10. Indochina: Typisch vietnamesisch, laotisch
    und kambodschanisch 117

11. Typisch vietnamesisch 128

12. Typisch irisch 136

13. Typisch israelisch	147
14. Typisch italienisch	158
15. Typisch mexikanisch	168
16. Typisch österreichisch	179
17. Typisch portugiesisch	188
18. Typisch schwedisch	196
19. Typisch schweizerisch	210
20. Typisch slowenisch	228
21. Typisch spanisch	236
22. Typisch tongaisch	250
23. Typisch tschechisch	256
24. Typisch ungarisch	266
25. Typisch US-amerikanisch	276
Die Autoren der einzelnen Beiträge	284

Vorwort

Die Idee zu diesem bunt gemischten Buch leitet sich ursprünglich her aus einer kleinen Artikelreihe auf dem Portal *Reisebuch.de*, die unter dem Motto stand: „Typisch - Reiseländer zwischen Klischee und Wirklichkeit" (siehe https://reisebuch.de/reiseziele/typisch_reiselaender.html).
Dort hatte Co-Herausgeberin und Autorin Elisabeth Pfurtscheller begonnen, einige bei Reisenden beliebte europäische Nationen auf gängige Klischees und die vor Ort tatsächlich anzutreffenden Verhältnisse hin zu untersuchen. Der Umgang mit dem Thema ist dabei eher spielerisch ironisch als wissenschaftlich ernsthaft, ohne aber einen gewissen aufklärerischen Anspruch außer Acht zu lassen.
Es zeigte sich über die Jahre, dass diese Artikel zu den beliebtesten und am häufigsten aufgerufenen Seiten der Website zählen sollten, auch weil Google viele mit dem Keyword „typisch (ungarisch/italienisch/französisch/…)" unter den Suchergebnissen auf Seite 1 auswies.
So entstand der Plan für ein Buchprojekt, wobei es sich anbot, auf das Know-how der Autoren unseres Reisebuch Verlags zurückzugreifen, die man ja mit Fug und Recht als Experten für „ihr Land" ansehen kann.
Die Auswahl der Länder ist zum großen Teil an die Autoren gebunden, Vollständigkeit ist nicht zu erreichen und war auch nie das Ziel. Erweiterungen in späteren Auflagen sind durchaus denkbar, Anregungen oder gar Beiträge hierfür werden wohlwollend geprüft.
Es liegt im Wesen eines freien Autors, dass er sich ungern

vorschreiben lässt, was er wie zu schreiben hat. Außer auf ein paar vage Vorgaben lassen sich diese Freigeister meist nicht ein und so entsteht – typischer Weise – in dieser Anthologie ganz von selbst Vielfalt statt Homogenität. Jeder Beitrag hat seinen eigenen Charakter und Stil, und manchmal fällt es schwer, den Themenbezug noch klar herauszulesen, was dann aber kompensiert wird durch originelle Ausführungen zur Landeskunde.

Um nun doch dem ordnungsliebenden Leser den Anschein einer klaren Struktur zu vermitteln, haben die Autorinnen Edith Kölzer und Elisabeth Pfurtscheller jedem Artikel die Rubriken „Gewusst?" und „Typische Gerichte" hinzugefügt. Während unter „Gewusst"? der Sinn für das Besondere, Skurrile oder Absurde angesprochen wird, bietet die kulinarische Rubrik handfeste landestypische Rezepte (durchaus zum Nachkochen).

Viel Vergnügen und etliche neue Erkenntnisse bei der Lektüre wünscht
Hartmut Ihnenfeldt
als Herausgeber

Einleitung

Typisch deutsch/englisch/französisch etc. – Länderklischees und die Wirklichkeit

„Die gefährlichste aller Weltanschauungen ist die Weltanschauung der Leute, welche die Welt nie angeschaut haben!"

Dieses oft zitierte und irrtümlich dem großen Entdeckungsreisenden Alexander von Humboldt (1769–1859) zugeschriebene Diktum aus unbekanntem Munde zielt unter anderem auf die (falschen) Vorstellungen, die wir haben, wenn wir aus unserer beschränkten heimatlichen Perspektive vorschnell über fremde Länder und Völker urteilen.

Doch dagegen gibt es ein bewährtes Mittel – spätestens seit Immanuel Kant (1724–1804) wissen wir schließlich: „Reisen bildet!". Es ist, wie Mark Twain (1835–1910) sogar meint, „tödlich für Vorurteile!" Aber selbst in unseren modernen Zeiten der fortschreitenden Globalisierung und hoch entwickelten Mobilität ist es nahezu unmöglich, sich überall auf der Erde aus eigener Anschauung ein verlässliches Bild von den Verhältnissen vor Ort zu machen. Auch wenn der Trend zur „Weltreise" sich seit Jahren immer mehr verstärkt, haben diese „Weltenbummler" am Ende einer noch so langen Reise meist doch „nur" eine begrenzte Anzahl von Ländern auf allen Kontinenten besucht. Und wie lautet das Fazit in Bezug auf Vorurteile und Länderklischees am Ende einer solchen Weltumrundung? Haben sich diese alle in Luft aufgelöst – oder (teilweise) sogar bestätigt?

In Zeiten einer den öffentlichen Diskurs dominierenden *Political Correctness* sind Vorurteile im Sinne von Ressentiments jedenfalls mit eindeutig negativen Konnotationen belegt und gelten generell als verwerflich. Dabei wird häufig übersehen, dass diese Vorurteile unser gesamtes Leben leiten. Sie sind in vielen Fällen hilfreich und erfüllen den psychologischen oder auch existenziellen Sinn, uns beispielsweise vor Gefahren zu schützen. Ohne gewisse Vorurteile könnten wir – bezogen auf das Reisen – „nicht einmal unsere Koffer packen", meinte Sir Peter Ustinov (1921–2004), ein Kosmopolit und vielgereister Allroundkünstler, in seinem Buch *Achtung! Vorurteile* (Reinbek, 2005). Doch dabei dürfe es natürlich nicht bleiben. Der Rivale des Vorurteils sei der Zweifel, die Bereitschaft, das eigene, oft vorschnell gefällte Urteil kritisch – am besten „vor Ort" – zu hinterfragen.

Wenn es um „fremde Länder" geht, tragen wir – aus dem Prozess unserer ganz persönlichen, aber auch zeit- und kulturspezifischen Sozialisation – bestimmte Länderklischees, oft auch unbewusst, als Vorurteile mit uns herum. An diesen halten wir gerne hartnäckig fest und geben sie nur mühsam auf, häufig erst auf der Basis entgegengesetzter eigener Erfahrungen im betroffenen Land, beispielsweise mit uns sympathisch gewordenen Einheimischen.

Andererseits kommt es auch vor, dass sich einige dieser Klischees anhand eigenen Erlebens im Ausland bestätigen, man diese dann aber relativieren oder auch besser verstehen und einschätzen kann. Und außerdem kann es passieren, dass man bei einem Auslandsaufenthalt plötzlich feststellt, dass man sich ja selbst seinem eigenen Länderklischee entsprechend verhält: wenn man etwa als Deutsche in Rom stets bei der roten Ampel stoppt oder vehement auf Pünktlichkeit achtet – auch wenn das zu Hause längst nicht immer der Fall ist. Womit hat das zu tun? In der Heimat bemerken die meisten die eigenen kulturellen Werte und Normen überhaupt nicht. Das geschieht erst, wenn diese anders sind. Und dann besinnen sich viele verstärkt auf die Werte und Normen der heimatlichen Kultur. Der Begriff dazu lautet Selbststereotypisierung. Diese hilft den Menschen, sich selbst dessen zu versichern, wer sie sind. Man könnte auch sagen: Manche verhalten sich erst fern der Heimat so richtig klischeehaft – zu Hause würden sie sich nicht einmal ansatzweise als, um bei diesem Beispiel zu bleiben, typisch deutsch bezeichnen. Erst mit anderen Normen und Werten konfrontiert, offenbart sich oft, was man selbst für normal und selbstverständlich hält und was womöglich nur für die eigene Kulturgruppe gilt. Und dabei zeigt sich, dass man sich selbst eben auch so verhält, wie es für diese Gruppe typisch ist – während die anderen in bestimmten Situationen eben typisch für ihre Kultur handeln.

Denn eines ist klar: Die Klischees sind nicht ganz zufällig, „sie sind in einer bestimmten Konstellation von der Realität abgenommen worden und sind nicht zuletzt deshalb so widerstandsfähig, weil selten bestritten werden kann, dass noch immer ‚etwas Richtiges dran' ist" (Hermann Bausinger, *Typisch deutsch*, München, 2000, S. 8). So wird ein an Pünktlichkeit orientierter Deutscher in Spanien, Mexiko oder Albanien wiederholt die Erfahrung machen, dass es eben kein dummes Vorurteil oder Klischee ist: Die Menschen dort haben nämlich wirklich einen ganz anderen Begriff von „Zeitverabredung", als es die Deutschen in der Regel gewohnt sind. Wer hier auf eine strikte Einhaltung von Terminen insistiert, wird damit in Ländern wie Spanien (und da gibt es erstaunlich viele!) nicht glücklich werden und sich bei etlichen Menschen unbeliebt machen. Und wer glaubt, dass „Siesta" nur ein böswilliger Mythos borniertet Zentraleuropäer sei, wird in Mittelmeerländern (nach-)mittags oft buchstäblich vor verschlossenen Türen stehen. Hat man aber schließlich die klimatischen Verhältnisse in den südeuropäischen Ländern am eigenen Leibe erfahren und erlitten, weiß man, dass eine solche Siesta-Pause zur Sommerzeit durchaus vernünftig sein kann. Wer „Siesta" aber mit „typisch südländischer Faulheit oder Bequemlichkeit" gleichsetzt, der hat nicht begriffen oder erfahren, dass Arbeitstage in diesen Ländern oft bis in den späten Abend reichen – bis in Stunden, die man in der Heimat meist schon lange der Freizeit widmet. Oft haben typische Verhaltensweisen, die einem (vermeintlichen) Klischee entsprechen, doch einen guten Grund. Auch das ist ein Merkmal, das bei einem klischeehaften Denken häufig nicht berücksichtigt wird.

Anhand dieser konkreten Beispiele wird jedenfalls der ambivalente Charakter von Länderklischees deutlich: Sie haben eben mitunter durchaus ihre Berechtigung. Doch sollten sie immer wieder auf Gültigkeit und Wahrhaftigkeit überprüft werden – am besten auf einer Reise in das betroffene Land –, auch wenn „das Typische" nicht in allen

Gebieten und Lebensbereichen gleichermaßen deutlich in Erscheinung tritt. Und bei so manchem zutreffenden Klischee muss man andere Annahmen unbedingt unterlassen: So mögen Menschen aus anderen Kulturen wirklich ein anderes Verständnis von Pünktlichkeit aufweisen – deshalb darf man sich aber nicht dazu verleiten lassen, diese fälschlich als generell unzuverlässig abzustempeln. Stattdessen empfiehlt es sich, sich bewusstzumachen, dass man selbst eben einfach über eine gewisse, in diesem Fallbeispiel deutsche, Haltung zur Pünktlichkeit verfügt – und sich generell in Gelassenheit zu üben, was ja nicht nur auf Reisen, sondern überhaupt im Leben empfehlenswert ist.

So ganz kann sich ohnehin kein Mensch von Stereotypen und Klischees und dem damit verbundenen Denken und Handeln lösen: Klischees strukturieren schließlich auch unser Denken und Verhalten; es ist uns kognitiv gar nicht möglich, jede einzelne soziale Information über einen Menschen ohne Schubladendenken zu verarbeiten. Stereotypen und Klischees sind gewöhnliche Prozesse bei der Verarbeitung von Informationen. Und manche Klischees über ein Land bewahrheiten sich wie erwähnt auf die eine oder andere Weise eben tatsächlich. Dabei ist es ja gerade auch das Kennenlernen einer anderen Lebensart und Mentalität, die Reisen in fremde Länder so spannend und gewissermaßen auch Klischees bereichernd macht.

Generell scheint jedenfalls ein großes öffentliches und auch privates Interesse an den gängigen Länderklischees zu bestehen: Seiten im Internet, die sich mit „typischen Eigenschaften" bestimmter Nationalitäten beschäftigen, erfreuen sich nämlich nachhaltig großer Beliebtheit und werden häufig aufgerufen. Am meisten gesucht wird dabei klassischerweise „typisch englisch", gefolgt von „typisch französisch", „typisch italienisch" und „typisch (US-)amerikanisch". Doch auch kleinere oder exotische Nationen wie Ungarn bzw. Indien werden gerne auf ihre (vermeintlichen) Ländercharakteristika überprüft.

Aus dieser Erkenntnis ist die Idee für dieses kleine Buch entstanden. Wir haben vorrangig die Autoren des *Reisebuch Verlags*, sofern sie als Experten für bestimmte Ländern gelten können und sich als solche auch kompetent fühlen, gefragt, ob sie in einem kleinen Essay jeweils jene Eigenschaften und Besonderheiten festhalten könnten, die sie als „typisch" für „ihr" Land ansehen würden. Das Ergebnis ist eine bunte Mischung von mitunter sehr persönlichen Ausführungen zu diesem Thema, das in seiner Diversifikation die Vielfalt der untersuchten Länder und Nationalitäten widerspiegelt.

Die Auswahl der Länder ergibt sich zunächst aus den Affinitäten unserer Autoren. So erstreckt sich die Palette von Deutschland über Österreich und die Schweiz, von Spanien unter anderem über China sowie Vietnam bis Australien und Tonga. Der Vollständigkeit halber haben die Herausgeber dieses Buches weitere Nationen auf Basis eigener Recherche ergänzt und Ländertypisches zusammengetragen.

Es versteht sich aus dem oben Gesagten, dass mit dieser Sammlung weder ein Anspruch auf Vollständigkeit noch auf wissenschaftliche Akkuratesse verbunden sein kann

– doch hoffentlich macht diese Lust darauf, selbst dem einen oder anderen Länderklischee auf Reisen nachzuspüren oder die jeweiligen Besonderheiten kennenzulernen.

Am besten nähert man sich dem Thema Länderklischees wohl, indem man die Aussagen dieses Buches dazu mit einem gewissen Augenzwinkern begleitet sieht, welches das Verhältnis von Vorurteil und Wirklichkeit aus einer leicht ironischen Distanz in einem fragilen Schwebezustand hält. Und schließlich ist Humor generell eine der besten Arten, mit kulturellen Besonderheiten und Unterschieden umzugehen. Vergessen wir außerdem nicht, dass Klischees in Form der typischen Kultur eines Landes existieren: Die jeweils vorherrschenden Normen und Werte prägen die Sicht- und Verhaltensweise der jeweiligen Einwohner. Auf einzelne Menschen generell anwenden lassen sich diese Klischees aber trotzdem nicht: Alle Menschen in den unterschiedlichen Ländern der Welt haben schließlich jeweils ihre eigene Persönlichkeit – und diese hat wenig mit ihrem Heimatland zu tun. Aufschlussreich und unterhaltsam ist eine Beschäftigung mit dem Thema Länderklischees aber auf jeden Fall.

Und in diesem Sinne wünschen wir Ihnen nun – ganz klischeehaft – viel Vergnügen bei der Lektüre!
Hartmut Ihnenfeldt
Elisabeth Pfurtscheller
als Herausgeber

Typisch albanisch

Albanien
Fläche: 28.748 km²
Einwohner: 2.887.974
Einwohner pro km²: 106,9
Hauptstadt: Tirana
Amtssprache: Albanisch
Währung: Lek
Staatsform: Parlamentarische Republik
Internetkennung: .al
Autokennzeichen: AL

Was ist typisch albanisch?

Nickt ein Albaner, meint er damit „nein" und schüttelt eine Albanerin den Kopf, sagt sie damit „ja" – und auch sonst läuft in Albanien so manches anders, als es der Durchschnittsmitteleuropäer gewohnt ist. Zwar ist das kleine Land, das lediglich außerhalb der Staatsgrenzen Albanien bzw. international Albania genannt wird, nur rund zwei Flugstunden von Mitteleuropa entfernt – und doch wissen so viele so wenig über „Shqipëria" (wie die Albaner selbst ihr Land bezeichnen).

Maßgeblich dazu beigetragen hat wohl auch die kommunistische Diktatur unter Enver Hoxha, der das Land 41 Jahre lang regierte: Bis in die 1990er-Jahre war Albanien nämlich über mehrere Jahrzehnte hinweg von der Außenwelt gänzlich abgeschnitten. Das totalitäre Regime

Hoxhas kappte schrittweise alle Kontakte zu sozialistischen Verbündeten wie der Sowjetunion und der Volksrepublik China und brachte Albanien die völlige Isolation. Im Zuge dessen ließ der zunehmend paranoide Diktator mehr als 700.000 Betonbunker im ganzen Land errichten – als Schutzmaßnahme für mögliche Angriffe. Nun erinnern sie überall verstreut an die Zeit des sogenannten Steinzeit-Kommunismus und sind eine landestypische Kuriosität – teilweise bunt verziert, oft auch direkt am Strand. 1967 war Albanien außerdem das erste Land der Welt, das Gott offiziell für nicht existent erklärte: Kirchen und Moscheen wurden geschlossen, zerstört oder zu Lagerhallen umfunktioniert.

Heute gilt der ehemals atheistische Staat aber als „wundervolles Beispiel der Harmonie zwischen den Religionen", wie es Papst Franziskus ausdrückte – dazu gehören per Gesetz geschützte christliche und muslimische Feiertage und ein friedliches Nebeneinander der Religionen: Der Glaube ist in Albanien nämlich hauptsächlich Privatsache und im Alltag kein Thema, geschweige denn ein Anlass für Streitigkeiten. Staat und Religion sind streng getrennt. Und auch wenn 57 Prozent der Albaner sich als Moslems bezeichnen, trifft man nirgends auf verschleierte Frauen, selbst Kopftücher tragen nur wenige – der Großteil kleidet sich westlich.

Seit 2014 ist Albanien außerdem offizieller EU-Beitrittskandidat, allerdings leidet das Land unter den Folgen der Hoxha-Diktatur bis heute: In vielen Teilen des Landes gibt es nach wie vor kaum befestigte Straßen, vielerorts ist die Infrastruktur schlecht und es herrscht in gewissen

Bereichen noch Korruption – dennoch verzeichnet Albanien ein kontinuierliches Wirtschaftswachstum und es besteht Aufbruchsstimmung.

Dafür sorgen auch die wachsenden Besucherzahlen: Denn immer mehr Reisende interessieren sich für den unbekanntesten Staat Europas – und haben erkannt, dass sie sich vor Kriminalität, Mafia und Blutrache nicht fürchten müssen. Lang gezogene Adriastrände, das quirlige Tirana, die albanische Riviera, 15 Nationalparks, der einmalige Ohrid-See, Ruinen aus der Römerzeit und das UNESCO-geschützte Berat und Gjirokastra, die „Stadt der Steine", und viel unberührte Natur sind hingegen touristische Anziehungspunkte. Und auch die Albaner selbst sorgen dafür, dass sich Besucher willkommen fühlen: Gastfreundschaft wird hier ungewöhnlich großgeschrieben, dasselbe gilt für Neugier, Großzügigkeit und Offenheit gegenüber Fremden. Auf finstere Gestalten, wie sie Karl May in seinem Werk „Durch das Land der Skipetaren" schildert, trifft man als Reisender kaum – hätte der berühmte Autor Shqipëria selbst besucht, hätte er dessen Bewohner wohl anders beschrieben.

Allerdings ist es in Albanien völlig normal, andere anzustarren – es gilt keineswegs als unhöflich und wird von Alt und Jung, Männern und Frauen eifrig praktiziert. Vor allem Reisende, die das Land zum ersten Mal besuchen, finden das zunächst gewöhnungsbedürftig – aber man gewöhnt sich daran und schließlich stört es auch keinen, wenn man selbst andere ausgiebig betrachtet. Und wie in vielen südlich gelegenen Ländern sind Kinder überall willkommen und werden nicht nur angestarrt, sondern gerne auch angefasst, in die Wange gekniffen und mit einem „Marshalla" bedacht – diese islamische Redewendung verwenden die Albaner, wenn sie etwas als schön oder begehrenswert und von Gott gesegnet erachten und gleichzeitig beschützt haben wollen: Damit sollen nämlich auch der böse Blick und möglicher Neid ferngehalten werden. Gerne schlagen sie dabei auch die Hände vor der Brust zusammen.

Apropos Hände: Die Albaner sind generell ein sehr expressives Volk – ein Gespräch ohne ausschweifende Gestik und auch Mimik ist kaum zu beobachten. Und in der Regel weiß man, woran man ist, Albaner sind nämlich auch sehr direkt. Außerdem sprechen sie sehr laut: Was für sie eine völlig normale Konversation ist, klingt für Nicht-Albaner oft wie ein Streitgespräch zwischen verhärteten Fronten. Die albanische Sprache ist übrigens eine der ältesten Europas und vermutlich aus dem Illyrischen hervorgegangen, sie zählt zur indogermanischen Sprachfamilie und ist seit dem 15. Jahrhundert schriftlich belegt. Das albanische Alphabet umfasst 36 Buchstaben in lateinischer Schrift und hat somit einige Buchstaben und Laute mehr als das deutsche. Dialektal differenziert man vor allem das Gegische und das Toskische – wobei der mittelalbanische Fluss Shkumbin hier den Sprachraum in die nördliche gegische und die südliche toskische Zone unterteilt. Teilweise unterscheidet sich bei den beiden Hauptdialekten der Wortschatz, auch für Alltägliches, zudem gibt es morphologisch Unterschiede, phonetisch hingegen kaum.

Doch egal ob Gegisch oder Toskisch – wer seinem Gegenüber zuhört, wiegt leicht den Kopf von einer zur anderen

Seite: eine weitere typisch albanische Besonderheit, die Nicht-Albaner mitunter verwirrt. Hinzu kommt, dass Albaner generell sehr geräuschvoll kommunizieren – und zwar nicht nur hinsichtlich der Lautstärke, sondern auch mit räusperartigen oder murmelnden Tönen, die viele Gespräche begleiten und oft mit dem Wiegen des Kopfes kombiniert werden.

Das machen Albaner aber nur, wenn sie in ihrer Muttersprache kommunizieren. Bei Auslandsalbanern, die im Alltag größtenteils eine andere Sprache verwenden, ist das nicht zu beobachten. Übrigens leben mehr Albaner außer- als innerhalb des Landes: So gut wie jede Familie hat Verwandte im Ausland, viele in Italien und Griechenland, einige in Deutschland und der Schweiz. Mehr als vier Millionen Albaner leben dauerhaft im Ausland – nach der Wende in den 1990er-Jahren fand nämlich eine regelrechte Massenabwanderung statt. Unzählige Albaner sind außerdem nach wie vor große Amerikafans und versuchen jährlich ihr Glück bei der American Green Card Lotterie. Auch die EU an sich ist sehr beliebt. Und viele Albaner sprechen mehrere Sprachen – auch weil albanische Kinder quasi nebenbei mit dem Italienischen aufwachsen: Denn einige italienische Fernsehsendungen und -serien werden nicht synchronisiert und der Fernseher läuft eben, wie in vielen Haushalten weltweit, oft den ganzen Tag. Englisch ist dann meist die erste Fremdsprache in der Schule. Vor allem junge Menschen streben bis heute ins Ausland und lernen noch weitere Sprachen, auch Deutsch ist sehr beliebt – so wie Deutschland überhaupt. Für die albanische Wirtschaft ist das Geld, das im Ausland arbeitende Albaner ihren Familien überweisen, jedenfalls sehr wichtig – 2018 zum Beispiel machten die sogenannten Rücküberweisungen 9,68 Prozent des Bruttoinlandproduktes aus. Denn noch immer gehört Albanien zu den ärmsten Ländern Europa, das durchschnittliche Einkommen lag 2018 bei 343 Euro monatlich.

Doch das raubt den Albanern keineswegs die Lebensfreude – man hält eben zusammen, das gilt vor allem für die Familie. Und freut sich zum Beispiel über jeden Anlass, gemeinsam Hand in Hand, im Gleichschritt und im Kreis zu lauter Musik zu tanzen: etwa auf Hochzeiten, bei denen sich die Feierlichkeiten über mehrere Tage ziehen, aber auch bei anderen Festen. Generell nimmt man sich wann immer möglich Zeit für Freunde und Bekannte – bevorzugt für ein Pläuschchen bei einem unglaublich starken Kaffee. Unglaublich ist auch die hohe Dichte an Cafés, wo vor allem die männliche Bevölkerung gerne viele Stunden verbringt. Ältere Herren verlassen das Haus dazu gewöhnlich nur im Anzug. Alte Frauen hingegen tragen oft schwarz – der Grund: um verstorbenen Verwandten Respekt zu zollen, oft noch bis zu zehn, zwanzig Jahren nach dem Tod derjenigen Person. Auch das zeigt, dass die albanische Kultur eine Beziehungskultur ist. Und so ist es auch selbstverständlich, an der Beerdigung eines entfernten Verwandten eines Freundes teilzunehmen.

Der älteren Generation begegnet man in Albanien generell mit Ehrfurcht und Respekt. Im albanischen Alltag treffen Reisende auch öfters auf ältere Menschen als in Deutschland, Österreich oder der Schweiz – so auch bei einer der größten Traditionen des Landes: dem Xhiro. Das ist der allabendliche Spaziergang auf der

Hauptstraße, egal wie groß oder klein der Ort, an dem ein Großteil der Einwohner teilnimmt. Häufig dürfen dann auch keine Autos mehr fahren und es herrscht ein fröhliches Treiben auf der Straße. Und wie überall in Albanien – etwa auf Wimpeln, Sonnenschirmen, Schlüsselanhängern, auf Geschirr oder Fußmatten – entdeckt man auch beim Xhiro immer wieder den landestypischen Doppeladler: auf T-Shirts und Schildkappen der flanierenden Passanten.

Dieser prangt nämlich auf der albanischen Nationalflagge und lässt sich auf den berühmten albanischen Landeshelden Skanderbeg (1405–1468) zurückführen, der auf dessen Familienwappen zu finden war – den Doppeladler erklärte man 1912 mit Albaniens Unabhängigkeit zum Staatswappen. Und den Fürsten Gjergj Kastrioti, Skanderbeg genannt, verehren die Albaner bis heute: Er war schließlich einer der wichtigsten Verteidiger des christlichen Europas gegen das Osmanische Reich im 15. Jahrhundert. Ihm ist es über 25 Jahre hinweg – von 1443 bis zu seinem Tod – gemeinsam mit seiner Armee gelungen, die osmanischen Heere ein ums andere Mal zu besiegen, auch wenn diese stets deutlich in der Überzahl waren. So war Skanderbeg maßgeblich daran beteiligt, den Einfall der Türken in Europa hinauszuzögern – wodurch die Italiener wiederum länger Zeit hatten, entsprechende Vorkehrungen zu treffen. Ohne seinen Widerstand hätte sich das spätmittelalterliche Europa vermutlich völlig anders gestaltet.

Daran erinnert bis heute außerdem die Festung Kruja im gleichnamigen albanischen Ort: Sie thront dort hoch oben am Berg – gleichsam ein Symbol für den Unabhängigkeits- und Freiheitswillen der Albaner. Hier hielt Skanderbeg mit seinen Soldaten den Osmanen stand und schaffte es, die Burg gegen die damalige Weltmacht zu verteidigen – 1450 belagerte deren Sultan sogar mit einer 100.000 Mann starken Armee den Ort. Das heutige Burgmuseum widmet sich dem Nationalhelden, berühmt ist auch der Skanderbeg-Platz in Tirana. Außerdem hat ihm der erfolgreichste Schriftsteller des Landes, Ismail Kadare, 1969 mit einem Roman ein bedeutendes Denkmal gesetzt: „Die Festung" behandelt die Belagerung Krujas durch die Osmanen und die Lektüre eignet sich, um den nach wie vor stark ausgeprägten Nationalstolz der Albaner, der auch auf einer Reise durch das Land spürbar wird, zu verstehen. Denn nicht umsonst heißt es auch: „Die einzige Religion des Albaners ist das Albanertum" – was auf Pashko Vasa (1825–1892), den albanischen Schriftsteller und Vordenker des albanischen Nationalgedankens, zurückgeht, jedes albanische Schulkind gelernt hat und gewissermaßen wohl auch jeder bestätigen kann, der sich mit Albanien und seinen einzigartigen Menschen befasst, egal wo auf der Welt diese leben.

(Elisabeth Pfurtscheller)

Gewusst?

In Albanien ist es höflich, zu spät zu kommen – eine halbe Stunde nach der vereinbarten Zeit aufzutauchen, ist kein Problem. Selbst Arzttermine sind meistens als Vorschlag aufzufassen. Viele Albaner sind sehr abergläubisch – deshalb sind beispielsweise an unzähligen Häusern Stofftiere auf einer Außenwand angebracht: um böse Geister zu vertreiben. Ein großer Albanienfan war Lord Byron: Er besuchte das Land 1809 im Rahmen seiner großen Mittelmeerreise und in einem Brief an seine Mutter berichtet er, dass die Albaner die „prächtigsten" Kleider der Welt haben – ein Blick auf die rot-schwarz-weiße albanische Tracht aus Wolle, Baumwolle, Seide und mit Stickereien erklärt das. Und in Nordalbanien im Prokletije-Gebirge („Verwunschene Berge") gibt es vereinzelt noch Frauen, die in entlegenen Dörfern der Tradition der Burrnesha, der Schwur-Jungfrauen, folgen: Um als Mann leben und die entsprechenden Privilegien im dort noch herrschenden Patriarchat genießen zu dürfen, schwören sie vor den Ältesten, für immer Jungfrau zu bleiben. Folglich kleiden sie sich wie Männer und arbeiten in Männerberufen, dürfen rauchen und Alkohol konsumieren. Das geht darauf zurück, dass einst beim Tod eines Familienoberhauptes dieses laut „Kanun", dem archaischen Gewohnheitsrecht, ersetzt werden musste – gab es dazu kein männliches Familienmitglied, tat dies eine Frau und wurde zur Burrnesha. Manche entschieden sich aber für ein solches Leben, um einer arrangierten Ehe zu entkommen, ohne die Bräutigamfamilie bloßzustellen.
Die weltweit bekannteste Albanerin ist wohl Mutter Theresa (1919–1997): „Vom Blut her bin ich Albanerin,

von der Staatsangehörigkeit her Inderin, nach dem Glauben Katholikin und ich gehöre der ganzen Welt" – vereinnahmen lassen wollte sie sich Zeit ihres Lebens nicht, Tiranas Flughafen wurde jedenfalls nach ihr benannt und der 19. Oktober, der Tag der Seligsprechung Mutter Theresas, zum albanischen Nationalfeiertag erklärt. Viele albanische Geschäfte – außerhalb von Tirana – schließen in der Regel während der heißesten Tageszeit im Sommer zwischen 14 und 17 Uhr. Und albanische Großmütter statten Babys auch bei hochsommerlichen Temperaturen mit dicken Wollsocken und den Kinderwagen mit einer warmen Decke aus. Apropos Wagen: Die beliebteste Automarke scheint noch immer der Mercedes zu sein – nach der Massenemigration begannen viele Albaner später einen Mercedes ins Land zu bringen: Die verlässlichen Autos überstehen nämlich auch Fahrten auf schlechten Straßen unbeschadet. Während des Kommunismus war es übrigens nur Parteioffizieren vorbehalten, ein Auto zu fahren. Bis heute fährt man am liebsten Mercedes, schnell und rasant – ohne Rücksicht auf Verluste. Und oft noch immer, auch wenn offiziell nicht mehr erlaubt, mit mehr Mitfahrern auf der Rückbank als eigentlich vorgesehen. Wer in Albanien kein eigenes Auto hat, steigt in einen Furgon – das sind kleine Minibusse, mit denen man unkompliziert und günstig durch das ganze Land kommt, Berührungsängste darf man allerdings keine haben, denn auch in diesen Gefährten herrscht eine hohe Passagierdichte.

Aus der albanischen Küche ...

Diese ist mediterran und ähnelt der Küche Mazedoniens, Serbiens und Montenegros und hat teilweise orientalische Einflüsse. Außerdem variiert sie von Region zu Region. Eines aber ist überall in Albanien gleich: Es kommt immer mehr als genug auf den Tisch – die albanische Gastfreundschaft zeigt sich auch in üppigen Portionen beim Essen und einem unmöglich abzulehnenden Nachschlag. Guten Appetit wünscht man mit „Të/ju bëftë mirë!" (Es soll dir/Ihnen gut schmecken!).

Wichtige Zutaten der Landesküche sind Tomate, Paprika, Aubergine, Gurke, Kohl und Spinat, die üblichen Getreidesorten, Kartoffeln, Bohnen und Reis sowie Lamm, Ziege, Rind, Kalb und Huhn und natürlich Fisch und Meeresfrüchte. Eine große Rolle spielen außerdem (Schafs-)Käse und Joghurt, Olivenöl, Basilikum, Zwiebeln und Knoblauch, Oregano und Minze. Der orientalische Einfluss wirkt vor allem bei den sehr süßen Nachspeisen, wie Baklava oder gezuckerten Früchten. In der albanischen Küche wird generell nach Augenmaß gekocht. Nach dem Essen oder bei Besuchen genehmigt man sich gerne einen Raki rrushi (Traubenschnaps) oder einen Raki mani (Maulbeerschnaps). Der Tag beginnt mit einem Espresso und endet bei einigen auch damit, auch zwischendurch nimmt man sich immer wieder Zeit für einen Kaffee. Weitere beliebte Getränke sind Bergkräutertee und Buttermilch. Viele im Ausland wissen nicht, dass Albanien außerdem seit Jahrhunderten eine reiche Weinbaukultur pflegt: Gëzuar (zum Wohl)!

Tavë Kosi (Gebackenes Lamm mit Reis und Joghurt)

400 g Lammfleisch
500 ml Joghurt (z. B. griechisches mit 10 % Fett)
100 Gramm Reis
3 Eier
50 g Butter
2 EL Weißmehl
2 EL Maiskeimöl
1 EL Rinds- oder Gemüsebrühe
½ TL Rosmarin
¼ Bd. Petersilie
½ TL Pfeffer (gemahlen)
1 TL Salz

Buttermenge in drei Teile portionieren. Lammfleisch in dünne Scheiben schneiden, salzen, pfeffern und in einer Pfanne mit einem Teil Butter von allen Seiten gut anbraten. Reis waschen und bissfest kochen. Eine Auflaufform mit Öl einfetten, den gekochten Reis und das würfelig geschnittene Lammfleisch hineingeben und mit Rosmarin und gehackter Petersilie vermengen.

Brühe mit ein wenig Wasser in der Pfanne kurz aufkochen. In einem Topf einen weiteren Teil Butter und Mehl anschwitzen und mit der Brühe übergießen – gut verrühren, um eine Klumpenbildung zu vermeiden. Mehlschwitze mit Salz abschmecken und zum Abkühlen vom Herd nehmen. Nach zehn Minuten Joghurt und Eier dazugeben und mit einem Mixer sorgfältig verquirlen.

Joghurtmasse gleichmäßig über Reis und Fleisch in der Auflaufform verteilen und anschließend einige Butterflocken dazugeben. Anschließend bei 180 Grad auf mittlerer Schiene 40 Minuten lang backen.

Typisch australisch

Australien
Fläche: 7.741.220 km²
Einwohner: 23.470.145
Einwohner pro km²: 3
Hauptstadt: Canberra
Amtssprache: Englisch
Währung: Australischer Dollar
Staatsform: Parlamentarisch-föderative Monarchie (seit 1901)
Internetkennung: .au
Autokennzeichen: AUS

Was ist typisch australisch?

Wir wissen viel und dabei reichlich Klischeehaftes über Australien. Für Urlauber reicht das sicher und noch hat sich wenig geändert.
Australien verfügt über riesige Vorkommen an Eisenerz und Erdgas, liegt nahe seinem größten Absatzmarkt, hat wenig Einwohner und ausreichend unbewohnten Raum (Rechte und Schutz der Aborigines kommen aber eher in Lippenbekenntnissen vor), um Naturschutz bloß punktuell pflegen zu können, ohne dass die Regierung Massendemonstrationen aufgrund der Zerstörung und Verschmutzung vieler Regionen befürchten muss. In Australien leben allerdings immer noch finanziell gut abgesicherte Pensionisten, die unentgeltliche Arbeit im sozialen und Umweltbereich leisten. Seit 27 Jahren erlebte das

Land keine Rezession, hat dafür eine florierende Wirtschaft, die Löhne in die Höhe treibt. Australien hat mit 29 Prozent weltweit den größten Anteil an Einwohnern, die in anderen Ländern geboren wurden, weil die Regierung gut ausgebildete Einwanderer aus allen Kulturen begrüßt. Dass sie gleichzeitig Flüchtlinge seit Jahren unglaublich unmenschlich behandelt, ist die Kehrseite und nicht nachvollziehbar, wenn man an ihr Willkommen-Heißen der vietnamesischen Boat People in den 70er-Jahren denkt. Australien ist nach wie vor der Kontinent der schroffen Gegensätze: politisch, sozial, ökonomisch. Ist das Land ein menschengemachtes Spiegelbild der Natur?

Vielleicht sind diese Gegebenheiten auch Garant dafür, dass die meisten Klischees über Aussies noch halten. Sie sind freundlich, hilfsbereit, machen sich lustig über sich selbst und pflegen Witze über ihre größten Einwanderergruppen. Sie könnten ohne exzessives Grillen nicht leben, sind sportversessen und fliegen zum Biertrinken nach Bali. Die Städter hegen ein romantisierendes Bild vom Outback, wie er nie war, und haben eine eigene australische Mentalität und Kultur erschaffen, auf die sie zu Recht stolz sind. Doch der wirtschaftliche Boom zeigt bereits fühlbar seine Folgen.

Für europäische Touristen bedeuten die Veränderungen der letzten Jahre, dass der Kontinent teurer zu bereisen ist als früher. Entstehen intensive Gespräche mit Einheimischen, wird klar, dass das Unbehagen der Regierung gegenüber wächst, weil es wenig Innovation gibt, wenige Reformen, die sichtbar notwendig werden. Außerdem fürchtet man die Abhängigkeit von China, das in fast allen Bereichen der wichtigste australische Exportmarkt geworden ist. Da die Beziehung zu den USA unter Trump tendenziell angespannt ist, wird China aber wohl weiterhin der wichtigere Partner bleiben.

In allen touristischen Hotspots wird Umweltschutz großgeschrieben – jedoch nicht außerhalb! Reisende sollten sich deshalb nicht wundern, wenn diesbezüglich westliche Standards hier irrelevant sind. Nicht wundern sollte man sich außerdem, dass mindestens ein Viertel aller Erzzüge mittlerweile von Maschinen gesteuert in die Häfen fährt – somit werden die Riesenlastwagen in den Minen nicht mehr von Menschen gefahren und daher fliegen an Wochenenden nicht mehr Tausende Arbeiter von und nach Perth (weshalb es übrigens leichter ist, Zimmer sowie freie Tische in den Lokalen zu finden). Doch das hat natürlich nichts mit Umweltschutz, sondern mit Einsparungen und Profit zu tun.

Die Städte sind farbenfroh und bieten alles, was das Herz begehrt, oft in wunderbaren Mischungen, die dem geförderten Kulturenmix zu verdanken sind. Landstädte verfügen über Kulturzentren, die großartige Begegnungsorte sind, immer auch gute Anlaufstellen für junge Langzeitreisende, die zwischendurch Jobs und Treffen mit Gleichaltrigen suchen.

In manchen Gegenden sind die Veränderungen durch den Klimawandel in den letzten zehn Jahren spürbar geworden. Das trifft nicht nur die Getreidefarmer und Winzer im Südwesten, sondern ebenfalls Städte wie Perth, das unter Wassermangel leidet. In Queensland sind die Folgen teilweise schon sichtbar. Ein Drittel des berühmten Great Barrier Reef ist nachhaltig geschädigt bzw. zerstört. Im dürren Südosten des Kontinents kämpfen immer mehr Bauern ums Überleben, aber die Entwicklung ist kaum aufzuhalten, zu lange wurde nichts für den Erhalt der Wälder und Wasserquellen getan.

Für den Reisenden spielen diese Fakten noch kaum eine Rolle. Die meisten Klischees der letzten Jahrzehnte findet man lächelnd bestätigt. Die Menschen lieben immer noch sprachliche Abkürzungen wie kein anderes englischsprachiges Volk, arbeiten ohne den Überstundenstress der restlichen westlichen Welt und integrieren Outdoor-Aktivitäten in den Alltag viel mehr als wir Europäer. Wer das Gespräch sucht, wird schnell ein differenziertes Bild von Down Under entwickeln, wer einen perfekten Urlaub erwartet, wird nicht enttäuscht. Australien ist beneidenswert reich, aber es wird sehr bald mit tiefgreifenden Veränderungen leben lernen müssen.

(Beatrix Kramlovsky)

Gewusst?

Kängurus sind wohl das Symbol Australiens und gemeinsam mit dem Emu auch am Staatswappen abgebildet. Die Bezeichnung „Känguru" bzw. „Kangaroo" geht allerdings auf ein Missverständnis zurück: Als erster Europäer soll der britische Seefahrer James Cook die Tiere gesehen haben – auf die Frage, welches Tier das sei, antworteten die Eingeborenen mit „gang-oo-roo". Dies bedeutet allerdings lediglich „Ich verstehe dich nicht!", Englisch beherrschten sie damals nämlich natürlich nicht. Übrigens können Kängurus und auch Emus sich nicht rückwärts bewegen: Passend zum Motto „Always forward" prangen daher beide Tiere am australischen Staatswappen. Damit ist Australien aber wohl auch das einzige Land weltweit, das seine Wappentiere verzehrt. 1932 erklärte das australische Militär außerdem der Emu-Plage im Bundesstaat Western Australia den Krieg, musste sich aber schließlich geschlagen geben. Das Wombat, ein weiteres Tier, das nur in Australien lebt, kackt übrigens Würfel: Seine Exkremente kommen tatsächlich in perfekten Quadraten – das hilft, das Revier zu markieren, Quadrate rollen schließlich nicht davon. Und der australische Leierschwanz ist in der Lage, 20 andere Vögel zu imitieren, aber auch das Geräusch einer Kettensäge, Autoalarme und das Auslösen einer Kamera. Nebenbei stammt das Wort Selfie aus Australien: 2002 verwendete es ein Aussie erstmals im australischen Online-Forum von ABC Science – er kommentierte sein Selbstporträt, das eine Verletzung im Gesicht nach einem betrunkenen Sturz zeigte, damals mit: „Sorry for the focus, it was a selfie." Apropos Alkohol: Bob Hawke, der ehemalige Premierminister, trank 1,4 Liter

Bier in 11 Sekunden, damit brach er den zuvor bestehenden Weltrekord. Belegt ist außerdem, dass europäische Siedler in Australien einen höheren Alkoholkonsum pro Kopf hatten als jede andere Gesellschaft in der Geschichte. Heute trinkt der durchschnittliche Aussie rund 96 Liter Bier pro Jahr. Und pro Kopf geben Australier mehr Geld für Glücksspiele aus als jede andere Nation, 80 Prozent aller Erwachsenen üben Glücksspiel in irgendeiner Form aus. Was auch viele nicht wissen: In Melbourne, das einmal Batmania hieß, lebt die größte Anzahl von Griechen außerhalb von Athen und in den Australischen Alpen schneit es mehr als in der Schweiz.

Aus der australischen Küche ...

Australien ist ein Kontinent mit mehr als 25 Millionen aus aller Welt eingewanderten Einwohnern. Ein Nationalgericht zu finden, ist daher nicht einfach. Es wird gegessen, was es am meisten gibt: viel Lamm- und Rind-, aber auch das Fleisch von Straußen, Kängurus und Krokodilen.
Die frühen Siedler aus England brachten den **Meat Pie** mit, eine Fleischpastete, die in vielen Varianten zubereitet werden kann. Man isst sie als Snack oder als Hauptgericht.

Der **Barramundi** ist der in Australien am häufigsten vorkommende Fisch und als Speisefisch sehr begehrt. Er kann sowohl im Süß- als auch im Salzwasser leben. Sein festes, weißes Fleisch wird gebraten oder gebacken verzehrt. Den Aborigines diente der Barramundi schon seit Jahrhunderten nicht nur als Nahrung, sondern außerdem als Totemtier.
Als die berühmte Primaballerina Anna Pavlova 1935 zum ersten Mal Australien besuchte, wurde eine Baisertorte nach ihr benannt. Das Nationaldessert **Pavlova-Torte** ist eine süße Verführung aus viel Zucker, viel Sahne und Früchten der Saison.

Pavlova-Torte

4 Eiweiß
250 g Zucker
1 Päckchen Vanillezucker oder Vanillearoma
1 TL Essig
1 TL Speisestärke
2 Becher Schlagsahne
Früchte der Saison

Den Backofen auf 180 Grad vorheizen. Das Eiweiß in einer fettfreien Schüssel schlagen, bis es fester wird. Nach und nach den Zucker hinzufügen und weiterschlagen, bis der Eischnee steif ist. Speisestärke und Essig vorsichtig hinzufügen und nochmals kurz schlagen, bis die Baisermasse fest ist und noch glänzt. Diese dann auf ein mit Backpapier ausgelegtes Backblech geben, eine etwa 3 cm hohe runde Form bilden und die Oberfläche glattstreichen. Bei 100 Grad 120 Minuten backen, bis die Baisermasse außen knusprig, aber nicht dunkel und innen noch weich ist. Bei geöffneter Ofentür abkühlen lassen.
Schlagsahne sehr steif schlagen und auf den Baiserboden streichen und mit klein geschnittenen frischen oder aufgetauten tiefgefrorenen Früchten dekorieren.

Typisch chinesisch

China
Fläche: 9.596.961
Einwohner: 1.384.688.986
Einwohner pro km²: 144,3
Hauptstadt: Peking (Beijing)
Amtssprache: Hochchinesisch (Putung-hua, der Peking-Dialekt)
Währung: Chinesischer Renminbi Yuan
Staatsform: Sozialistische Volksrepublik (seit 1949)
Internetkennung: .cn
Autokennzeichen: CHN

Was ist typisch chinesisch?

Das ist schwer zu sagen, denn China lässt sich in keine Schublade stecken. Es gibt viele unterschiedliche Chinabilder, angesichts der Größe des Landes und der Reiseziele wird jedes Chinabild variieren. Mein Chinabild konnte ich jedenfalls während zweier Jahre vor Ort auf dem Campus der Universität Ningbo (Provinz Zhejiang), auf Reisen durch das ganze Land, bei Homestays und darüber hinaus entwickeln. Es ist ein sehr privates Chinabild, das auf dem Kontakt mit chinesischen Menschen – besonders mit jungen Leuten basiert – und in die Jahre 2009–11, 2012 und 2017 fällt. Den oftmals negativen Chinadarstellungen, wie sie in den deutschen Medien vermittelt werden, möchte ich widersprechen. Da redet man von fehlenden Menschenrechten, ausgebeuteten

Wanderarbeitern, unterdrückten Minderheiten, nicht vorhandenen individuellen Freiheiten ... oder vom Bau einer neuen Weltordnung, die chinesischen Interessen entspricht. Und man weiß nicht so recht, was man davon halten soll. Die menschliche Seite, das alltägliche Leben, die neue Lebensqualität, die Stimmungen und Hoffnungen der Menschen sowie die faszinierenden kulturellen Leistungen werden nämlich kaum gesehen.

Ich meine, der Westen macht es sich mit seinem eher negativen Chinabild zu einfach. Im 19. und im 20. Jahrhundert war man Kolonialmacht; die Kolonialmächte, die China nur in Teilen kontrollieren konnten, verursachten vor allem ein großes Chaos. Dennoch sprach man seit dem Ende des 19. Jahrhunderts von der *Gelben Gefahr*, zu der sich später die *Rote Gefahr* gesellte. Dabei vergaßen die Mächte, dass sie selber diese Gefahr für China darstellten. Selbst ein Urteil wie *Chinesen sind fleißig* klingt negativ, denn es wird bestimmt der Nachsatz folgen, dass es sich um den *Ameisenfleiß* entindividualisierter Wesen handelt, die im Getriebe bloß funktionieren müssen. Das ist, wie vieles andere auch, Interpretationssache. Ich habe vor allem junge Leute kennengelernt, die ihre Bildung, ihre Karriere und ihre Interessen vor Augen haben und oftmals eine *südländische Mentalität* besitzen, wobei der Yangtze China recht schematisch in Nord- und in Südchina unterteilt.

Trotzdem, dass China eine alte nachwirkende Hochkultur hervorbrachte, wird in Teilen der leidlich gebildeten westlichen Bevölkerung gewusst, eine Hochkultur, die weit *vor unsere Zeitrechnung* zurückreicht. Zu den Zeiten von Hellas und Rom war das ferne China rückblickend betrachtet selbst „kulturelle Antike", die den ostasiatischen Raum beeinflusste und prägte – Japan und Korea einbezogen. In das vom Westen kontinuierlich beargwöhnte, zuweilen auch bewunderte China, das freilich mehr ein Kontinent für sich als ein Land ist, bin ich als neugieriger Mensch nicht nur gereist, sondern ich bin nach China geflogen, um junge Leute – um Studenten und Studentinnen – in deutscher Sprache, Landeskunde, Literatur und Philosophie zu unterrichten.

Die Erfahrungen, die ich vor Ort gemacht habe, waren und sind so überwiegend positiv, dass ich als kritisch denkender Deutscher (aus Deguo, dem Land der Moral kommend) Mühe habe, sie überhaupt auszudrücken. Konfuzius' (551–479 v. u. Z.) Satz: „Es ist eine Freude, wenn Freunde aus der Ferne zu Besuch kommen", gilt im heutigen China noch immer und wird oftmals, wie auch anderes von Konfuzius, zitiert. Das heißt, die intensive Gastfreundschaft, die Freundlichkeit, Offenheit und die herzliche Wärme der Chinesen lassen sich meinen Erfahrungen nach kaum übertreffen. Solche Erfahrungen machte ich im relativ liberalen China der 2010er-Jahre unter Leuten, die, von der wirtschaftlichen Entwicklung inspiriert, optimistisch und fröhlich in die Zukunft blickten. Ich muss wohl zugeben, dass ich als westlicher Hochschullehrer und Schriftsteller vor Ort ein wenig privilegiert gewesen bin, aber: Die Stimmungslage erwies sich als mehr als gut; die Studenten und jungen Leute sind besonders motiviert, bildungsversessen und lernfreudig, sodass das Unterrichten in China zu den besonders anregenden Erfahrungen zählt. Für diese junge dynamische und selbstbewusste Generation fand ich die Bezeichnung *Build-Your-Dream-* oder kurz *BYD-Generation*, wohl wissend, dass ich dabei eine chinesische Automarke als Metapher verwendet habe.

Den jungen Leuten verdanke ich viel: Dazu gehören die familiären Homestays, durch welche ich Land und Leute gut kennenlernen konnte, gemeinsame Reisen und, last not least, einen faszinierenden, ja wohltuenden Unterricht, bei dem ich Begriffe wie Bildungsduft, Bildungsglück und Bildungsfleiß lernte. Manchmal fragte ich mich, wer unterrichtete eigentlich wen, der Dozent die Studenten und Studentinnen oder die Studentinnen und Studenten den Dozenten? Sagen wir es so, für beide Seiten war es ein nicht enden wollender Lernprozess, der die Neugier auf andere Kulturen antrieb und durch Höhen und Tiefen des alltäglichen Lebens, des entspannten Lebens auf dem Campus, durch die älteren und neueren Gefilde der Literatur sowie zu vielen Reisezielen führte, in Städte wie Hangzhou, Shanghai, Beijing, Xian sowie in ländliche Gebiete wie Wuyuan (Provinz Jiangxi), Jiuquan (Provinz Gansu). Im Norden war es der Weg auf der Route der historischen – jetzt aber per Autostraße und Schienenverkehr modernisierten – Seidenstraße von Xian bis nach Dunhuang am Rand der Wüste Taklamakan, nachdem zuvor die Ausläufer der Wüste Gobi durchquert wurden. Mein literarisches Ergebnis heißt: „Schöne Wolken treffen – eine chinesische Reisenovelle", aber das ist nur der erste Teil einer Trilogie. ‚Schöne Wolken', der Name einer Studentin, ist ein sprechender Name; das Phänomen der sprechenden Namen greife ich in meinen Erzählungen gern auf.

Bevor ich einige typische Dinge aus dem alltäglichen Leben benenne, möchte ich unbedingt die gute *Stellung der Frau* hervorheben. Im Klartext: Die Stellung der Frau ist in China bedeutend besser als in vielen anderen Ländern, was sich in der sehr guten Bildung und Ausbildung der Frauen sowie in ihrer späteren Berufstätigkeit zeigt. In gesellschaftlicher Hinsicht sind die chinesischen Frauen Hoffnungsträgerinnen, die den anderen Teil des Himmels bilden, da kommen sonst nur ein paar westliche (skandinavische) Länder mit. Auch das fortgeschrittene Japan hinkt hinsichtlich der Frauenemanzipation hinterher. China ist jung, dynamisch, lebendig, vor allem ist das Land frauenfreundlich. Dabei lieben Chinesinnen und Chinesen die Harmonie und den ausgewogenen Gleichklang von Yin und Yang. Dass man der Bildung, dem selbstbestimmten, aber auch dem entspannten kollektiven Leben so viel Bedeutung beimisst, ist besonders erfreulich und zählt zu den Quellen der Inspiration.

Typisch chinesisch – abseits der großen Fragen und Probleme gibt es eine Reihe von Dingen, von denen ich einige aufzählen und kurz erläutern will. Dass in China bei der Festlegung von Festen und Feiertagen der kalendarische *Mondkalender* gilt, war für mich im wirtschaftlich und im gesellschaftlich fortgeschrittenen China eine der größten Überraschungen. Das *Frühlingsfest*, das *Drachenbootfest*, das *Mondfest* … werden nach diesem Kalender bestimmt; astrologisch relevant soll er ebenfalls sein. Zum beweglichen Mondfest (zwischen Mitte September und Anfang Oktober) ist ganz China romantisch, geht in die nächtliche Landschaft hinaus oder besteigt, soweit möglich, die Dächer der Häuser, um Verse an die

„Frau im Mond" zu ersinnen und/oder um in den Schalen mit Reiswein den sich spiegelnden Mond in fröhlicher Gesellschaft einzufangen. Während der drei Tage des Mondfestes und darüber hinaus verschenkt und genießt man Mondkuchen, kreisrunde, mondrunde Gebäckteilchen mit Süßkartoffeln, Bohnen, Sesam sowie mit einer Paste aus dem Samen der Lotuspflanze gefüllt.

Ließe man sich auf das Thema Küche ein, könnte man Bände füllen. Ich greife nur wenige Dinge auf. Bestimmt wird man irgendwann mit dem *Sichuan- oder Blütenpfeffer* seine Erfahrungen machen, der in der Lage ist, die Zunge zu euphorisieren. Ebenso typisch sind die *1000-jährigen Eier*, die freilich um vieles jünger sind. Die rohen Eier werden nach einer bestimmten Rezeptur für etwa drei Monate eingelegt; das macht sie aseptisch (keimfrei). Das Eiweiß gelatiniert, das Dotter verfärbt sich blaugrün. Anfangs war ich skeptisch, aber mittlerweile liebe ich den aromatischen Geschmack eines zerkleinerten Eis in der Reissuppe oder in einem Tofu-Gericht. Kurz erwähnt seien *Jiaozi*, die chinesische Version der Maultaschen: Sie werden mit Hackfleisch – oder Garnelen – mit Pilzen, Gemüse ... gefüllt und delikat gewürzt. Zum *Frühlingsfest* – zum Neujahr nach dem chinesischen Mondkalender – stellt die Familie die Jiaozi gemeinsam her. An diesen Tagen wird auch *Mah-Jongg* gespielt, deren komplizierte Regeln für Ausländer recht mühsam zu erlernen sind.

Nicht wenige halten den *kandierten Weißdorn* für ein Kennzeichen Beijings und des nördlichen Chinas. Es handelt sich um mehrere, auf einem Spieß aufgesteckte größere Weißdornfrüchte, die in Mengen auf Wagen von fliegenden Händlern transportiert und verkauft werden. Was fehlt in der Liste? Als typisch chinesisch könnte der *rote Umschlag* gelten. Keinesfalls meint er das Parteibuch, sondern der Umschlag wird zu unterschiedlichen Anlässen mit Geldscheinen gefüllt – Anlässe gibt es viele: Geburtstage, Neujahr, Schulabschlüsse, Hochzeiten ... Überhaupt wird in China dem (taoistischen) Geldgott (Cai Shen), der eigene Tempel hat, gehuldigt. Das mit der Religion wird recht locker gesehen, ein Chinese kann drei Religionen (Konfuzianismus, Taoismus, Buddhismus) gleichzeitig haben; er kann religionslos sein und trotzdem die Tempel besuchen; bloß Sekten mag man nicht, sie stören mit ihrer Verbohrtheit die über allem stehende Harmonie. Ob Religion das Opium des Volkes ist? Kann sein, solange man zum Volksschnaps (Erguotou) greifen kann, der so schlecht nicht ist – er wurde dreimal destilliert. Der hochkarätige aromatische Maotai, ein aus roter Hirse und Weizen gebrannter Schnaps, ist freilich ein unübertreffbares Destillat.

(Wulf Noll)

Gewusst?

China ist so groß wie ganz Europa und obwohl sich das gesamte Staatsgebiet über vier Zeitzonen-Breiten erstreckt, existiert nur eine Zeitzone – daher geht mancherorts die Sonne erst um 10:00 Uhr vormittags auf. Und obwohl es über 700 chinesische Familiennamen gibt, teilen sich die meisten Chinesen lediglich etwa 20 sehr häufig vorkommende: Die Top 5 sind Wang, Chen, Li, Chang und Liu. 54 Millionen Chinesen sind Christen, damit gibt es in China mehr Anhänger des christlichen Glaubens als in Italien, von den 60 Millionen Italienern sind nämlich rund 78 Prozent Christen – so zählt Jesus Christus neben Richard Nixon und Elvis Presley zu den drei bestbekannten westlichen Namen in China. Im alten China bezahlte man Ärzte nur, wenn der Patient gesund wurde bzw. blieb. Heute hat China ein staatliches Wetteränderungsamt, das sich bei wichtigen Großveranstaltungen um schönes Wetter kümmert. Seit 2013 gibt es in China ein Gesetz, das vorschreibt, dass erwachsene Kinder ihre Eltern regelmäßig besuchen müssen. Der Gebrauch von Toilettenpapier ist in China bereits seit 851 schriftlich belegt: Ein Reisender hielt damals fest, dass die Chinesen nicht sehr sorgfältig wären, da sie nur Papier nach dem Klogang nutzten, anstatt sich mit Wasser zu reinigen – und der Gelehrte Yan Zhitui schrieb 589, dass er niemals Papier mit Zitaten oder Kommentaren der Weisen für die Toilette nutzen würde. Statt Windeln tragen chinesische Babys übrigens auch heute größtenteils ganz traditionell Kaidangku – Hosen mit einem Schlitz am Po. Und wenn die Kleinen ein großes oder kleines Geschäft erledigen müssen, tun sie das eben, egal wo, auch mitten auf der

Straße. Spucken, Gähnen, Grunzen und Rülpsen – auch das sind in China völlig normale Verhaltensweisen, es gehört zu den üblichen Tischmanieren dazu. Auch interessant: Alle Pandas weltweit gehören dem chinesischen Staat – dieser verleiht die Bären gegen eine bestimmte Gebühr an ausgewählte Zoos: Insgesamt sind es nur 18 weltweit. Und wird ein Babypanda geboren, wird dieser nach einer gewissen Zeit immer nach China – stets mit FedEx – zurückgeschickt, um den Genpool zu erweitern. Auch die Hälfte der Schweine weltweit gehört China, durchschnittlich verzehrt die chinesische Bevölkerung 1,7 Millionen Schweine täglich. Übrigens soll das erste Speiseeis vor mehr als 4.000 Jahren in China hergestellt worden sein: Man vermischte dazu Milch, Reis und Schnee. Die Chinesen waren außerdem die Ersten, die Gas und chemische Waffen im Krieg eingesetzt haben – Europäer haben das erst 2.000 Jahre später im Ersten und Zweiten Weltkrieg getan. Während dieser Zeit war der Hafen in Schanghai übrigens der einzige, der vor dem Holocaust flüchtende Juden ohne Visa aufnahm.

Aus der chinesischen Küche ...

China hat den Vegetariern und Veganern aller Länder den „Bohnenkäse" bzw. **Tofu** beschert. Er wird aus Sojamilch in einem ähnlichen Verfahren wie Käse aus Milch hergestellt. Seit vielen Jahrhunderten ist er in vielen asiatischen Ländern ein Grundnahrungsmittel wie der Reis.

Das chinesische Nationalgericht schlechthin ist die **Pekingente**. Die Zubereitung ist sehr aufwendig und auch in guten Chinarestaurants in unseren Breiten etwas ganz Besonderes, das es meist nur gegen Vorbestellung gibt, da die Zubereitung mehrere Tage dauert.

Zunächst wird die knusprige, nahezu fettfreie Haut mit dünnen Lauchstreifen in kleine Pfannkuchen eingerollt, in eine würzige Hoisin-Soße getunkt und als Vorspeise verzehrt. Der Hauptgang besteht aus dem in dünne Scheiben geschnittenen Entenfleisch mit den üblichen Beilagen.

Währenddessen wird in der Küche aus den restlichen Ententeilen eine Suppe zubereitet, die als dritter Gang auf den Tisch kommt.

Zu guter Letzt rundet ein süßes Dessert die Mahlzeit ab, zum Beispiel gebackene Bananen oder Ananas oder, wem das nach der Ente zu mächtig ist, eingelegte Lychees.

Wan Tan sind gefüllte Teigtaschen, die in vielen Variationen gekocht als Suppeneinlage oder gebacken als Beilage gegessen werden. Den Teig dafür kann man in

Asialäden fertig kaufen, er lässt sich aber auch leicht selber herstellen. Dazu nehme man 50 g Reismehl, Salz und 150 g Weizenmehl. Zuerst wird das Reismehl mit dem Salz und 150 ml kochendem Wasser verrührt und lässt alles 20 Minuten quellen. Dann das Mehl einrühren und nochmals 30 Minuten quellen lassen. Danach kann der Teig dünn ausgerollt werden. Für die Füllung sind der Fantasie keine Grenzen gesetzt.

Wan Tan

30 Wan-Tan-Blätter
200 g Schweinehackfleisch
1 EL Kräuter-Frischkäse
2 TL süß-saure Chilisoße
1 fein gehackte Knoblauchzehe
Salz
Pfeffer
Koriander
Öl zum Ausbacken

Hackfleisch kurz anbraten, bis es gerade durchgegart ist, mit den restlichen Zutaten vermischen und mit Pfeffer, Salz und Koriander abschmecken.

Die Wan-Tan-Blätter jeweils mit ca. 1 TL Hackfleischmasse belegen, zusammenklappen, die Ränder mit etwas Wasser bestreichen und fest zusammendrücken. In Öl ausbacken zum Abtropfen auf ein Küchenkrepp legen.

Typisch deutsch

Deutschland
Fläche: 357.022 km²
Einwohner: 80.457.737
Einwohner pro km²: 225,4
Hauptstadt: Berlin
Amtssprache: Deutsch
Währung: Euro
Staatsform: Parlamentarische Bundesrepublik (seit 1949)
Internetkennung: .de
Autokennzeichen: D

Was ist typisch deutsch?

„Deutschland", las der Autor aus Südamerika vor, „ist ein Land der Extreme". Und erhielt von seiner Lektorin umgehend eine Abmahnung. Gemeinplätze hätten in einer Rede, die der mit einem Stipendium das Land besuchende Schriftsteller vor interessierten Deutschen vortragen sollte, nichts zu tun. So erlebt in den 1980ern, im damaligen Westdeutschland. Sind Extreme also typisch deutsch?

Eher nicht, würde man zumindest heute und durch eine schnelle Internetrecherche informiert denken. Als typisch deutsch gelten eher, hm, behäbige, verlässliche Dinge. Nachhaltigkeit. Mülltrennung. Fleischkonsum (Wurst). Obrigkeitshörigkeit, Gemütlichkeit, Made in Germany, Pünktlichkeit. Umweltschutz und die Autobahn, auf der (noch) extrem klimaschädlich gerast werden darf. Deutschland, das Land der Wurst, gilt aber auch als eines der Länder Europas mit den meisten Vegetariern (verlässliche Zahlen gibt es nicht; der Vegetarierbund schätzte 2015, dass ca. 10 Prozent der Deutschen auf Fleisch verzichten). Bio muss sowieso alles sein, der Umwelt-/Klimaschutz wird zumindest auf den Wahlplakaten großgeschrieben, die selbst gesteckten Ziele wird das Land aber wenigstens 2020 nicht erreichen, oder nur auf der Ebene der Privathaushalte. Also doch zumindest ein Land der Gegensätze? Nun, welches ausreichend große Land wäre das nicht? Gibt es also nur typische Regionen?

Als typisch deutsch wird international oft gerade die bayerische Kultur angesehen. Trachten, Oktoberfest, Bier – das ist *Made in Germany*. Und BMW passt auch dazu, denn ein Deutschland ohne Automobilindustrie und Autobahn ist einfach nicht vorstellbar. Wer nur Lederhosen, Maßkrüge und Weißwürste (vegan oder nicht) sieht, der vergisst, dass die bayerische Kultur innerhalb Deutschlands eine Art Gegenpol zum nüchternen Norden bildet. Hanse, Seefahrt und Stadtstaaten – Realitäten des deutschen Nordens, werden eher selten als typisch deutsch angesehen. Obwohl die Region im 19. Jahrhundert für viele Europäer, darunter jede Menge Deutsche, Sprungbrett in die Neue Welt war. Tatsächlich wurde ich schon einmal erstaunt angesehen, als ich, als Deutscher, sagte, ich käme aus einer Hafenstadt. Erstaunlich, immerhin rangieren Hamburg und Bremerhaven/Bremen in der Wikipedia-Liste der größten Häfen Europas auf Platz 3 und 4. Statt der Weltoffenheit der alten Stadtstaaten gelten da als typisch deutsch schon eher die militärischen

Traditionen des Flächenstaats Preußen, dem Handel und Wandel vorziehende Bremer und Hamburger oft kritisch gegenüberstanden. Mit Fasching und anderen Formen ausgelassener, typisch deutscher Geselligkeit durfte man den „Fischköppen" lange gar nicht kommen (das hat sich erst durch die internationale Durchsetzung von Halloween als Partygelegenheit gewandelt). Ist Deutschland also einfach nur ein typisches Multikulti-Gebilde, in dem die Regionen meist friedlich nebeneinander her existieren und sich dabei ein klein wenig kabbeln?

Naja. Nichts bleibt, wie es ist, der ständige Wandel ist modern, und als moderner Staat hat Deutschland mit der alten und neuen Hauptstadt Berlin ja gleich eine echte Vorzeigemetropole, die von einer der wichtigsten Städte der Moderne, von der Strom- und Forschungsmetropole des Kaiserreichs zum armen und heute serientauglichen Sündenbabylon der Weimarer Republik wurde, zum schlafenden Vulkan der deutschen Katastrophe des 20. Jahrhunderts. In Folge wurde Berlin zur Hauptstadt des Bösen (Fast-Germania), zur Heimat der Freien (Kennedys West-Berlin), zur sozialistischen Zentralstadt am Westrand des Ostblocks, zum Symbol des Endes des Kalten Krieges und zum oft als untypisch deutsch angesehenen hippen und alternativen Disneyland der EU, in dem man billiger als irgendwo sonst leben konnte. Die Beurteilung des aktuellen Status darf man hier gerne selbstaktiv einfügen.

Dabei ist die Hauptstadt Berlin, oder war es, vor allem eines: ein Kompromiss zwischen den kaiserdeutschen oder weimardeutschen oder bundesdeutschen

Regionen. Denn während in Deutschland Freiheit und freies Zusammenleben möglich waren, da geschah das regionsübergreifend vor allem in Berlin. Daher war die Stadt während ihres Aufstiegs und besonders auch während der 80er- und 90er-Jahre des letzten Jahrhunderts vielleicht das Typischste oder, besser gesagt, das Deutscheste, was Deutschland zu bieten hatte, inklusive der für jene Zeiten typischen Wandsprüche *„Schwaben raus"* und *„Ausländer! Lasst uns mit den Deutschen nicht allein"* ... Geheuer waren „die Deutschen", wie immer man sie definieren mag, sich selbst wohl nie. Bestehen sie deswegen so sehr auf ihre Unterschiede? Tun sie das überhaupt? Vergessen sollte man hier keineswegs die lange bestehenden Unterschiede zwischen (kapitalistischem) Westen und (sozialistischem) Osten. Manchem gelten gerade die Schwierigkeiten beim Zusammenwachsen, und auch die Ungerechtigkeiten, als typisch deutsch. Oder typisch westdeutsch.

Zahlenrelevant typisch für Gesamtdeutschland sind durchaus einige Dinge. Der Tatort (1970–Gegenwart) beispielsweise, eine Krimiserie, die oft auch gerne in Freundesgruppen zu Hause oder gemeinsam in Kneipen konsumiert und kommentiert wird, in „alten" wie „neuen" Bundesländern. Deren Erfolgsrezept ist es, dass die Serie in allen Bundesländern produziert wird. Es ist also nicht alles Berlin, was glänzt, das föderale Prinzip wird in Deutschland stark gelebt, eine übermächtige Hauptstadt will eigentlich niemand mehr haben (die gab es natürlich in der hoffentlich nie wieder als typisch anzusehenden Vergangenheit, im Kaiserreich und während der Naziherrschaft). Aber nochmal zu den deutschen Krimiserien:

Derrick (1974–1998) gilt als die meistverkaufte deutsche Fernsehserie. Sie zeigte in über 100 Ländern, dass Deutsche gerne Trenchcoats und Maßanzüge tragen, BMWs fahren und als Kriminalisten taugen. Und spielte in München. Typisch deutschbayerisch eben. Und typisch deutsch könnte auch sein, dass Serien und Figuren nicht nur konsumiert, sondern auch kritisch betrachtet wurden und werden. Zur Vorgängerserie *Derricks (Der Kommissar*, 1968–1975) schrieb ein Kritiker: *„Der (Kommissar), ein väterlicher Beamter mit klarem Wertekompass und stets korrekt gekleidet, war als Gegenentwurf zu amerikanischen Ermittlertypen konzipiert worden."* Also doch behäbiges Deutschland, das den moralischen Erklär-Opa braucht? Hm, und vielleicht war eine moralische Bewertung deutschmenschlicher Taten damals gar nicht so unangebracht. Nun könnte man hier auch den alten Spruch *„Zwei Deutsche, drei Meinungen"* anbringen; nur leider gibt es diesen Spruch, jedenfalls gefühlt oder inzwischen, über jede definierbare Ethnie oder Staatszugehörigkeit. Ob er irgendwo oder bei irgendwelchen Gruppen stimmt oder nicht stimmt? Wer weiß.

Hier passt auch ein Zitat von Goethe, einem der Urväter der typisch deutschen Literatur (schließlich hält auch Deutschland, hier wieder neben anderen Regionen, sich für das Land der *„Dichter und Denker"*): *„Zwei Seelen wohnen, ach, in meiner Brust."* Oft zitiert während der deutschen Trennung, scheint der Text die großen Möglichkeiten der angenommenen einen deutschen Seele aufzuzeigen. Das wären unter anderem Entzweiung, Selbstentfremdung und Scheitern an der eigenen Uneinheit. Hybris eben. Faustisch sein. Die Welt schaffen. Und jede Menge Waren.

Made in Germany, typisch deutsche Qualität, ist ein interessanter Punkt. Dass der Begriff in der englischsprachigen Welt geprägt wurde, dürfte nicht verwundern. So begann der Aufstieg von *Made in Germany* im Jahr 1887 in London mit dem *Merchandise Marks Act*, der im Vereinigten Königreich bestimmte, dass die Herkunft von Waren klar erkenntlich zu machen war. Damit sollte verhindert werden, dass minderwertige Waren aus dem allgemeinen Ausland als britische Produkte ausgewiesen und im Königreich verkauft werden. Die englischsprachige Wikipedia weist hier besonders auf Uhrengehäuse aus der Schweiz hin, der separate Artikel *Made in Germany* weiß: Die meisten dieser minderwertigen Artikel kamen aus dem Deutschen Reich, das eine protektionistische Einfuhrpolitik betrieb. Die Geschichte erzählte das Magazin Der Spiegel später unter dem schönen Titel „*Dreist, dreister, Deutschland*" und berichtete, dass durch die Bloßstellung durch den Aufdruck *Made in Germany* das blamierte Niedriglohnland Deutschland eine beispiellose Qualitätsinitiative startete. Das hat funktioniert: Nicht erst 2017 landete Deutschland auf Platz 1 des *Made-in-Country-Index*. Sind Qualität und Dreistigkeit also typisch deutsch? Oder gar, noch schlimmer, die Teilung in eine wohlhabende Elite und eine mit brüchiger Sicherheit belohnte Arbeiterschaft?

Hm. Auch der Skatabend wird oft als „typisch deutsch" bezeichnet – also das gemeinsame Kartenspiel in der Kneipe. Das Skatspiel, das sich in Altenburg (Thüringen) aus dem bayerischen Spiel *Schafkopf* entwickelt hat, ist sicher das bekannteste deutsche Spiel und inzwischen als immaterielles Kulturerbe anerkannt. Denn Spieleabende sind in Deutschland sehr verbreitet – besonders beliebt sind Autorenspiele wie der Klassiker *Die Siedler von Catan* (1995), die in den USA oft *German Games* genannt werden, obwohl viele dieser Spiele aus Amerika kommen und als Gattung dort auch ihren Ursprung haben. Typisch also durch optimierende Übernahme? Als typisch deutsch gilt auch der den Spieleabenden peripher verwandte *Stammtisch*, das regelmäßige Treffen von Gruppen in einer Bar oder Kneipe, und die damit verbundene *Stammtischpolitik*, laut Bismarck, einem Mitgründer des Deutschen Reichs, eine typisch deutsche Sache: „*Es ist ein Grundbedürfnis der Deutschen, beim Biere schlecht über die Regierung zu reden.*" Diese im Grunde sicher nicht negative deutsche Tendenz, die aber zumindest dem Stereotyp zufolge an vielen Tischen oft in lokaldiktatorische oder rechtsgerichtete Rechthaberei umschlägt, statt zur Diskussion zu werden, wird zwar meist mit alten greinenden Männern in Verbindung gebracht, hat sich aber inzwischen ganz natürlich per Influencer und Stammpublikum ins Internet bewegt, wo sie erstmal etwas links wirkt. Aber Sozialmedien sind ja immer für überraschende Wendungen gut. Jedenfalls – ist *Youtuben* typisch deutsch?

Sicher nicht, denn die Kultur in Deutschland wird ja, wie überall, einfach globaler. Und so wird, was immer man einst als „national" betrachtete, endlich entwertet – oder einfach als Vorurteil entlarvt. Auch wenn Vorurteile und Nationalstereotypen sich oft sehr virulent halten und teilweise auch neue Volksgruppen hervorbringen, so beispielsweise die *Biodeutschen*, eine wohl eher abwertend gemeinte Bezeichnung für in Deutschland geborene Personen ohne Migrationshintergrund.

Im Grunde fragt man sich ja manchmal, ob man ein „typisch deutsches" Merkmal überhaupt braucht, ob das einen Sinn hat, ob wir ohne nicht besser dran wären. Freier. Und so ein Ansatz ist natürlich vor allem eines: typisch deutsch.

(Travis Elling)

Gewusst?

Der berühmte Dichter Friedrich Schiller lagerte faule Äpfel in seiner Schreibtischschublade: Deren Geruch soll ihn inspiriert haben. Seinem Freund Johann Wolfgang von Goethe hingegen soll bei einem Besuch bei ihm deswegen ziemlich übel geworden sein. Die Brüder Grimm hingegen waren inbrünstige Gegner der Großschreibung, Jacob Grimm erachtete sie 1854 als eine „peinliche und unnütze" Schreibweise. Zu Beginn des 20. Jahrhunderts war ein französischer Arzt der Ansicht, dass das deutsche Volk mehr „kacken" würde als andere, dazu prägte er den Fachbegriff „la Polychésie de la race allemande" (das übertriebene Darmentleerungsbedürfnis der deutschen Rasse). Deutsche Männer besitzen durchschnittlich jeweils 19 Unterhosen, wobei jeder Siebte diese länger als einen Tag trägt. In der Oberpfalz gibt es einen Ort namens Thomasgschieß, auch Pumpernudl und Katzenhirn sind bayerische Ortsbezeichnungen. Jeder sechste deutsche Arzt für innere Medizin wurde bereits mindestens einmal von einem Patienten verprügelt. Und in Berlin regnet es pro Tag zehn Tonnen Taubenexkremente. Übrigens verzehrt der durchschnittliche Berliner 20 Currywürste jährlich, doppelt so viele wie der deutsche Durchschnittsbürger. Etwa 11 Prozent der Deutschen heißen mit Nachnamen Müller. Den ebenfalls beliebten Döner erfand 1972 der türkische Gastronom Kadir Nurmann in Berlin, Konrad Adenauer 1916 die Sojawurst. In Dortmund hingegen braut man mehr Bier als in München. Die Farbe des Weißen Hauses in Washington D.C. stammt aus Diedorf in Bayern. Und die Farbe der Sitzbezüge im Deutschen

Bundestag nennt sich „Reichstags-Blue". Der Slogan „Made in Germany" sollte einst die Engländer auf die mangelnde Qualität schlechter Produkte hinweisen. Und im Zweiten Weltkrieg gestattete man im ganzen Land „Ferntrauungen": Anstelle des Bräutigams war ein Stahlhelm vor Ort.

Aus der deutschen Küche …

Die Frage nach einem deutschen Nationalgericht wird in jeder Region des Landes anders beantwortet.
Ganz im Norden, im Bereich von Nord- und Ostsee, isst man gerne **Labskaus, Birnen, Bohnen und Speck, Kohl und Pinkel** (Wurst) und ein traditionelles Getränk ist der **Pharisäer** (Kaffee mit Rum). Außerdem kennt man unzählige **Fischgerichte**. Am beliebtesten sind Hering, Makrele, Kabeljau und Seelachs. Jedes Jahr werden 10.000 bis 14.000 **Nordseekrabben** gefischt, von denen ein großer Teil die Speisekarten an der Küste bereichert.

In Bremen isst man **Bremer Knipp** (Hackgrütze), in Hamburg **Rote Grütze** und **Aalsuppe**.

Nationalgerichte in der ehemaligen DDR waren **Soljanka** (eine Suppe mit Fisch, Fleisch oder/oder Gemüse) und **Königsberger Klopse**, wobei sich die Einflüsse der östlichen Nachbarn zeigen.

Die Advents- und Weihnachtszeit ist undenkbar ohne den legendären **Dresdner Christstollen**.

In Berlin wurde im September 1949 von Herta Heuwer, der Besitzerin eines Imbissstandes, die **Currywurst** bzw. die Soße zur Wurst erfunden, deren Siegeszug durch die Republik bis heute anhält. **Buletten** heißen in Berlin die Frikadellen, aus der Region im Südosten der Hauptstadt kommen die bekannten **Spreewaldgurken**. Die **Berliner Weiße** (Weißbier mit Fruchtsirup) kennt man inzwischen auch überall im Land.

Aus Hessen kommen die **Frankfurter Grüne Soße**, die man zu Eiern und Kartoffeln isst, und der **Äppelwoi** (Apfelwein).

Rheinland-Pfalz bereichert die regionalen Nationalgerichte mit **Sauerbraten, Saumagen** und **Döbbekuche** (Kartoffelauflauf).

Spezialitäten aus Nordrhein-Westfalen sind **Himmel und Äd** (Kartoffelpüree mit Äpfeln), **Pfefferpotthast** (ein Rindfleischgericht), **Panhas** (Kochwurst), **Pumpernickel** (Roggenbrot, das 16 bis 20 Stunden lang gebacken wird), und **Pickert** (aus geriebenen Kartoffeln, Mehl, Hefe und Eiern).

Bayern ist die Heimat von **Leberkäse** und **Weißwurst**, der **Semmelknödel** und **Dampfnudeln**, des **Schweinsbratens** und der **Nürnberger Bratwürste**.

Aus Baden-Württemberg kommen **Spätzle, Maultaschen** und die **Schwarzwälder Kirschtorte**.

Eines der international bekanntesten Nationalgerichte Deutschlands ist das **Sauerkraut**. Es wird gern mit Eisbein, Kassler oder Bratwurst gegessen.

Ein weiteres sehr beliebtes typisch deutsches Gericht sind **Rinderrouladen**, die meist mit Kartoffelknödeln und Rotkohl gegessen werden.

Rinderrouladen

6 Scheiben Rinderrouladen
6 Scheiben durchwachsenen Speck oder Bacon
6 dicke Gewürzgurken, längs geschnitten
Senf
2 große Zwiebeln, klein geschnitten
1 EL Butterschmalz
Salz
Pfeffer aus der Mühle
Küchengarn oder spezielle Rouladenspieße bzw. -klammern

Soße

1 Stange Lauch
1 Möhre
¼ Sellerie
2 große Zwiebeln
1 TL Tomatenmark
1 EL Zucker
400 ml Rotwein
400 ml Rinderbrühe oder Fond
60 g eiskalte Butterwürfel
Salz und Pfeffer

Das Gemüse grob würfeln und die Zwiebeln klein schneiden.
Jede Roulade auf 5–10 mm flach klopfen.
Jede Roulade mit Salz und Pfeffer würzen, 2 TL Senf pro Roulade darauf verstreichen und erst mit einer Speckscheibe, dann mit den Gurkenscheiben belegen und die Zwiebeln darauf verteilen.

Die Seiten etwas einschlagen und alles der Länge nach einrollen. Anschließend jede Roulade mit Küchengarn verschnüren oder Spießen bzw. Klammern verschließen. Butterschmalz in einer Schmorpfanne oder einem Bräter erhitzen. Die Rouladen darin bei hoher Temperatur kräftig anbraten und wieder herausnehmen.

Gemüse, Zwiebeln, Zucker und Tomatenmark in die Pfanne geben und etwa 5 Minuten andünsten. Vier Mal 100 ml Rotwein hinzugießen und jeweils warten, bis er eingekocht ist.

Danach die Rinderbrühe bzw. den Rinderfond einrühren. Die Rouladen wieder hineingeben und im vorgeheizten Ofen (160 Grad) auf der mittleren Schiene 90 Minuten schmoren. Wer die Rouladen schön dunkel haben möchte, sollte die Pfanne nicht abdecken.

Am Ende der Garzeit prüfen, ob das Fleisch schön zart ist. Gegebenenfalls noch einmal mit Deckel für 15 bis 30 Minuten in den Ofen stellen und weitergaren.
Dann Rouladen herausnehmen und warm stellen.

Für die Soße Gemüse und Flüssigkeit durch ein Sieb passieren und 3 bis 5 Minuten einkochen lassen. Den Topf vom Herd nehmen und die eiskalte Butter unter Rühren in der Soße schmelzen lassen.

Dazu schmecken Kartoffeln oder Knödel und Rotkohl.

Typisch englisch

Großbritannien
Fläche: 243.610 km²
Einwohner: 65.105.246
Einwohner pro km²: 267,3
Hauptstadt: London
Amtssprache: Englisch, in Wales auch Walisisch
Währung: Pfund Sterling
Staatsform: Parlamentarische Monarchie (seit 1921)
Internetkennung: .uk
Autokennzeichen: GB

Was ist typisch englisch?

„Wenn ein Mann müde an London wird, ist er müde am Leben, denn es gibt in London alles, was das Leben bieten kann."
Samuel Johnson

Wer an **England** und die **Engländer** denkt, verbindet damit automatisch die Queen, den Buckingham Palast, **London**, die Tower Bridge, Cricket, rote Telefonhäuschen und Briefkästen, Doppeldeckerbusse, Fish & Chips, Plumpudding, **Tea Time** und James Bond und natürlich **Pubs**!

Was ist typisch englisch?
Typisch englisch sind die **Höflichkeit und Zurückhaltung** der Briten: Man spricht leiser als in Deutschland und

verhält sich disziplinierter, was sich etwa darin äußert, dass man sich an Bushaltestellen in einer Schlange anstellt. „Mind your manners" wird in vielen Lebensbereichen großgeschrieben. Die Engländer legen sehr viel Wert auf gutes Verhalten und gepflegten Umgang. Sie sind Meister des Small Talks: In England spricht man überall miteinander – egal, ob man sich kennt oder nicht. Bekannt sind die Engländer außerdem für ihren **trockenen Humor**. Serien wie Mr. Bean, Little Britain und Filme von Monty Python sind aufgrund ihres schwarzen Humors voller Ironie und Sarkasmus weltberühmt geworden.

Die Queen ist die wohl berühmteste Repräsentantin des Staates. Elizabeth II. ist allgegenwärtig auf Briefmarken, Banknoten und Münzen. Auch die Nationalhymne gilt ihr und nicht dem Staat. Artikel über sie und ihre Familienangehörigen sind fast täglich in der britischen „Yellow Press" zu finden. In vielen britischen Haushalten kommt dem Königshaus eine große Stellung zu: Alle Namen der Personen am Hof der Queen sind bekannt. Viele Frauen betrachten in Sachen Styling die weiblichen Mitglieder der Royal Family als ihr Vorbild. Am wichtigsten ist und bleibt aber die Queen: Man kann sogar lebenslang hinter Gitter landen, wenn man eine Briefmarke mit dem Kopf der Königin auf den Kopf stellt. Die Queen hat übrigens keinen Pass und trotzdem über 115 Länder besucht.

James Bond ist der Geheimagent ihrer Majestät und eine Romanfigur, die vom Schriftsteller Ian Flemming 1952 erfunden wurde. Besonderes Markenzeichen: die 00-Lizenz zum Töten sowie die Vorliebe für Frauen und Wodka-Martini, geschüttelt (nicht gerührt).

London ist das Aushängeschild des Vereinigten Königreiches. Die Stadt hat viele berühmte **Sehenswürdigkeiten** zu bieten, wie die Tower Bridge, London Eye, den Buckingham Palast, den *Big Ben* und die Houses of Parliament, Piccadilly Circus, Westminster Abbey, Trafalgar Square, Downing Street und den Hyde Park.

Teetrinken gehört zur feinen britischen Lebensart. Die Engländer trinken pro Jahr ca. 2,3 kg Tee pro Einwohner, täglich sind es 163 Millionen Tassen. Berühmt ist der sogenannte Nachmittagstee, die *„Tea Time"*. Die britische Teekultur reicht bis ins 17. Jahrhundert zurück und hängt natürlich mit dem British Empire zusammen.

Und so manche Nicht-Briten können den **englischen Essgewohnheiten** nichts abgewinnen: Die Rede ist von den Bohnen und anderem Gebratenen zum Frühstück oder dem berüchtigten Haggis – eine ursprünglich aus Schottland stammende Delikatesse: mit Innereien gefüllter Schafsmagen. Mit Essig auf Kartoffelchips (britisch: crisps) können sich hingegen viele anfreunden: Ein spezieller Vinegar verfeinert den salzigen Snack. Der beliebteste Brotaufstrich bei den Briten ist übrigens ebenfalls salzig: Marmite wurde 1902 erfunden und steht bis heute auf sehr vielen Frühstückstischen in England. Gerne verzehrt werden außerdem Fish & Chips. Dank dem Earl of Sandwich und seinem Einfall 1762 ist England übrigens die Geburtsstätte des Sandwiches.

Außerdem sind **Pubs** fester Bestandteil der britischen Kultur: Nach dem Feierabend geht man gerne auf einen Cider oder ein Ale in den Pub, Happy Hour ist oft schon zwischen 17:00 und 18:00 Uhr.

Der **typische Engländer** ist ein blasser Mensch, der in südeuropäischen Ferienanlagen aufgrund seiner weißen Hautfarbe hervorsticht. In England ist das Wetter nämlich öfter schlecht und es regnet viel, allerdings nicht mehr als auch in Norddeutschland – der permanente Regen zählt wohl zu den größten Klischeevorstellungen über das Land.

(Redaktion reisebuch.de)

Gewusst?

Großbritannien verzeichnet weltweit die höchste Rate der Fettleibigkeit: Knapp 25 Prozent der britischen Erwachsenen sind übergewichtig. Und 25 Prozent aller Frauen in Großbritannien hießen 1811 Mary. Etwa 75.000 Regenschirme werden jährlich in der Londoner U-Bahn liegen gelassen. Und es ist illegal, im Houses of Parliament im Westminster-Palast zu sterben. Ereilt jemanden dennoch der Tod in den heiligen Hallen, ist der Leichnam vor Ausstellung der Sterbekunde aus dem Gebäude zu entfernen – anderenfalls bestünde Anspruch auf ein Staatsbegräbnis. Möglich ist es allerdings, Trauergäste zu mieten, um Beerdigungen zu füllen – der Service nennt sich „Rent a Mourner". Fußball startete in England, als angelsächsische Landarbeiter den Schädel eines dänischen Kriegers ausgruben: Auf diesem traten sie herum, um ihre Wut zu demonstrieren und sich zu unterhalten. So wurde der frühe Fußball als „Kick Danes Kopf" bekannt. Und mehr als 6.000 Menschen jährlich verletzen sich in Großbritannien oder sterben sogar, weil sie über ihre Hosen stolpern oder beim Anziehen umfallen. Mehr als 3.000 Menschen lieferte man 1999 in ein englisches Krankenhaus ein, weil sie über einen Wäschekorb stolperten. Königin Victoria überlebte etwa sieben Attentate. Und König Heinrich VIII. proklamierte aus Protest gegenüber der katholischen Kirche die anglikanische Kirche als neue Religion – bis heute ist sie die größte im gesamten Vereinigten Königreich. Dieses hat außerdem die dritthöchste Rate an Herzinfarkten in Europa. US-Eier sind in Großbritannien illegal, weil sie gewaschen werden (hingegen sind britische Eier in den USA illegal, weil sie nicht gewaschen werden). Gegen das Gesetz verstößt ebenfalls derjenige, der ständig an der Türe anderer klingelt. Auch Drachen steigen lassen ist per Gesetz verboten. Und die britische Marine verwendete Songs von Britney Spears, um die somalischen Piraten entlang der Küste Afrikas zu vertreiben.

Aus der englischen Küche ...

Die britische Küche hat nicht den allerbesten Ruf. Es fängt schon mit dem Frühstück an. Ein English Breakfast besteht unter anderem aus *Bacon* (Speck), *Sausage* (Würstchen), *Baked Beans* (gebackene Bohnen in Tomatensoße) und *Black Pudding* (gebackenes Schweineblut) sowie *Porridge* (Haferbrei). Dazu isst man Toastbrot und trinkt Tee mit Milch. Die Hauptspeisen sind oft zu deftig, zu fett und schlecht gewürzt. Doch das war nicht immer so. Die Küche war stark beeinflusst von unterschiedlichen Nationalitäten des britischen Commonwealth, allen voran Indien und China. Während der Kolonialzeit konnten sich viele Familien Hausangestellte und Köchinnen leisten, die für sie die Speisen zubereiteten. Erst nach dem Ersten Weltkrieg – als sich immer weniger Häuser Personal leisten konnten, und die, die kochen konnten, kein Geld für die Zutaten hatten – nahm die kulinarische Qualität ab. Es dauerte Jahrzehnte, bis die britische Küche das Vorurteil wieder entkräften konnte, ungenießbar zu sein. Dazu trugen junge Köche wie Jamie Oliver nicht unwesentlich bei.
Fish and Chips bekommt man Großbritannien überall. Chips sind in diesem Fall Pommes frites.

Wenn man in einem Lokal „Cream Tea" bestellt, erhält man **Scones** (eine Art Brötchen) und **Clotted Cream** (ein sahniger Streichrahm) mit **Erdbeerkonfitüre**. Es ist kein leichter Imbiss, sondern kann eine vollwertige Mahlzeit ersetzen, schmeckt aber köstlich. Vor allem im Südwesten Großbritanniens gehört dieser kalorienreiche Klassiker zu jedem Nachmittagstee dazu.

Chicken Tikka Masala ist heute als britisches Nationalgericht unumstritten.

Marinade
500 g Hähnchenbrustfilet
150 g Sahnejoghurt
Saft einer halben Zitrone
2 gepresste Knoblauchzehen
1 TL gehackten Ingwer
2 TL Garam-Masala (Gewürzmischung)
½ TL Salz

Soße
2 TL Öl
2 TL Butter
1 Zwiebel
2 gepresste Knoblauchzehen
1 TL gehackten Ingwer
½ TL Kurkuma Pulver
1 TL gemahlenen Koriander
1 TL Kreuzkümmel
1 TL Garam Masala
1 TL Chilipulver
500 g passierte Tomaten
350 g Sahne

Marinade: Das Hähnchenfleisch in kleine Stücke schneiden und in eine Schüssel geben. Alle weiteren Zutaten dazugeben und gut miteinander vermischen. Mindestens eine Stunde, besser über Nacht im Kühlschrank ziehen lassen.

Das marinierte Hähnchenfleisch in Wok oder Bratpfanne kurz anbraten, herausnehmen und zur Seite stellen.

Für die Soße Butter in der Pfanne zerlassen, Zwiebeln, Ingwer und Knoblauch darin anbraten, die Gewürze dazugeben und bei geringer Hitze anbraten, bis die Zwiebeln glasig sind.

Die Tomaten dazugeben und etwa 15 bis 20 Minuten einkochen lassen. Die Soße muss dickflüssig sein.

Die Sahne unterrühren und mit Chilipulver abschmecken. Die Hähnchenstücke dazugeben und das Ganze noch weitere 10 bis 15 Minuten bei kleiner Flamme köcheln lassen.

Dazu schmeckt Basmatireis.

Typisch französisch

Frankreich
Fläche: 643.801 km²
Einwohner: 67.364.57
Einwohner pro km²: 104,6
Hauptstadt: Paris
Amtssprache: Französisch
Staatsform: Parlamentarische Republik (seit 1875)
Währung: Euro
Internetkennung: .fr
Autokennzeichen: F

Was ist typisch französisch?

„Wenn der liebe Gott sich im Himmel langweilt, dann öffnet er das Fenster und betrachtet die Boulevards von Paris."
Heinrich Heine

Denkt man an **Frankreich**, kommen einem sofort Begriffe wie *Paris*, Louvre, Eiffelturm, Notre Dame, Croissant, Baguette, Käse, Wein, Mode und Feinschmecker in den Sinn. Und vom „Leben in Gott wie in Frankreich" haben auch die meisten schon gehört. Vielen denken außerdem automatisch an typisch französische Landschaften wie die Atlantikküste, an die *Normandie* und *Bretagne* oder an Städte an der Côte d'Azur wie *Nizza* und *Marseille*.

An erster Stelle ist aber das **Baguette** zu nennen. Franzosen lieben *Weißbrot*, Schwarzbrot ist ihnen ein Gräuel.

Das Baguette ist ein fester Bestandteil der französischen Küche, es steht auf jedem gedeckten Tisch: Durchschnittlich verzehrt ein Franzose täglich ein halbes Baguette, jährlich werden 10 Milliarden Baguettes verkauft. Bekannt ist auch die Werbung des französischen Autoherstellers *Renault*, der in seinem Spot ein Baguette integriert hat.

Ebenso unentbehrlich ist der **Wein**: Franzosen trinken gerne Wein. Und französische Weine zählen zu den *qualitativ weltbesten* Weinen der Erde. Bekannt sind Sorten wie der Bordeaux, Burgund, Chardonnay, **Merlot** oder Cabernet Sauvignon. Weltberühmt ist außerdem der französische ***Champagner***, der im Weinbaugebiet Champagne gekeltert wird. Was den Wein-Konsum pro Kopf und Jahr betrifft, rangiert Frankreich mit 26,8 Litern übrigens weltweit auf Platz 2 (Stand: 2018).

Eine Delikatesse ist auch **französischer Käse**. Laut Schätzungen des nationalen Milchindustrie-Verbandes gibt es insgesamt etwa 1.200 französische Käsesorten – zu den bekanntesten zählen der ***Camembert***, Brie, Cantal, Roquefort, Chaume, Comté, Mimolette, Reblochon und der Tomme de Savoie.

Auch eines der größten Frankreich-Klischees stammt aus dem Bereich der Kulinarik: Der typische Franzose isst oft Froschschenkel – deshalb nennen Engländer sie auch „frogs". Und tatsächlich finden sich Froschschenkel auf den Speisekarten typisch französischer Restaurants. Das gilt auch für „Foie Gras", die Enten oder Gänsestopfleber – diese wurde 2005 sogar zum nationalen, gastronomischen Kulturerbe erklärt und ist daher von sämtlichen Tierschutzgesetzen ausgenommen. Übrigens gab es Foie Gras schon im Alten Ägypten, nach Frankreich importiert hatten sie aber die Römer. Und auch das typisch französische Gefährt hat etwas mit dem Geflügel zu tun: Kein Auto ist nämlich so eindeutig französisch wie die Ente – sie ist sozusagen der französische Käfer, stammt von Citroën und heißt eigentlich 2CV.

Nicht mehr wegzudenken aus Frankreich ist außerdem das **Croissant**, das aber nicht von Franzosen, sondern von österreichischen Bäckern erfunden und im Jahre 1770 von *Königin Marie Antoinette* nach Frankreich eingeführt wurde.

Paris ist die wohl berühmteste Stadt Frankreichs und weltbekannt unter dem Beinamen *„Stadt der Liebe"*: Urlaube in Paris verbinden viele mit besonderer *Romantik*. Paris ist außerdem Stadt der Mode und ein Künstlerparadies. Maler, Dichter, Musiker und Designer kommen nach Paris, um sich hier inspirieren zu lassen.

Berühmte Viertel in Paris sind das *„Quartier Latin"*, *„Montmartre"* und die *„Quais de la Seine"*. **Typische Pariser Sehenswürdigkeiten** und ein Muss für jeden Touristen sind der Eiffelturm, Notre Dame, der Louvre und Versailles.

Der **typische Franzose** gilt als *Feinschmecker*, legt auf qualitativ *hochwertige Küche* wert, spricht ungern fremde Sprachen und kleidet sich gerne sehr *modebewusst*. Er begrüßt andere mit einem Wangenküsschen, dem „bise" – jene, die man gerade kennenlernt oder nicht leiden kann, bekommen nur eines. Die meisten dürfen sich aber zwei Küsschen, einmal links, einmal rechts, freuen. Familienmitglieder und enge Freunde erhalten sogar drei davon. Typisch ist zudem der ausgeprägte Gerechtigkeitssinn – insbesondere was eigene Bedürfnisse betrifft. Jede Ungerechtigkeit ist eine Staatsaffäre – und diese soll dann auch die jeweilige Regierung regeln. Daraus ergibt sich die typische Eigenart, sich über diese permanent zu echauffieren. Nützt alles nichts, geht man eben auf die Straße oder es gibt einen Streik.

Und natürlich ist der typische Franzose stolz auf sein Land. Schließlich war Frankreich in vergangenen Zeiten eine wichtige Macht – sowohl in Europa als auch in der Welt. Davon zehrt das Land wohl bis heute. Und auch unter anderem deshalb erwartet der Franzose, dass man Französisch spricht. In der Schule wird meistens Spanisch als Fremdsprache gewählt, ist es doch dem Französischen ähnlicher als das Englische. Franzosen sollen es nämlich außerdem gerne möglichst entspannt und bequem haben. Sie sollen jegliche Arbeit sogar hassen und sich lieber mit der Planung des nächsten Urlaubs beschäftigen – der natürlich in Frankreich stattfindet. Mit dieser Mentalität ist es Frankreich übrigens dennoch gelungen, zur sechsten Weltwirtschaftsmacht gemessen am BIP zu werden (Stand: 2018).

(Redaktion reisebuch.de)

Gewusst?

Nach wie vor ist Frankreich das beliebteste Urlaubsziel der Welt: 2018 verzeichnete es 89 Millionen Touristen. Noch mehr Zahlen: Das Land zählt 40.000 Schlösser und 35.000 Bürgermeister, allerdings ist „Maire" meist ein Nebenjob, außerdem hat Frankreich 30.000 Verkehrskreisel und damit weltweit am meisten Kreisverkehre (ronds-points) – die meisten sind mit auffälligen Kunstwerken dekoriert. Zudem befindet sich in Frankreich der Ort mit dem weltweit kürzesten Namen: „Y" im Somme-Département, die Bewohner heißen Ypsilons. Die Partnerstadt von Y heißt Llanfairpwllgwyngyllgogerychwyrndrobwllllantysiliogogogoch und liegt in Wales, sie hat den längsten Ortsnamen weltweit. Jährlich trinken die Franzosen etwa 180 Millionen Flaschen Champagner, das ist Weltrekord und macht mehr als die Hälfte des Verbrauchs weltweit aus. Wer aber hätte gedacht, dass Frankreich mit mehr als 1.000 Restaurants im ganzen Land McDonald's profitabelster Markt außerhalb der USA ist? Und die Geschäftsidee der bekannten Obi-Baumarktkette stammt ursprünglich von einem Franzosen: Eigentlich sollte es „Hobby" heißen, da die Franzosen das „H" aber nicht aussprechen konnten, verkaufte man die Idee an einen Deutschen – dieser kreierte daraufhin das Wortspiel „Obi". Schweine und Kühe darf man in Frankreich laut Gesetz übrigens niemals Napoleon nennen. Frankreichs Militär besitzt als einziges Land in Europa noch Brieftauben: 150 hält man in der Festung Mont-Valérien, nahe Paris. Zuletzt wurde die Guillotine 1977 verwendet, sie war bis zur Abschaffung der Todesstrafe 1981 die offizielle Hinrichtungsmethode für Personen, die zum Tode verurteilt wurden. 1740 hat man eine Kuh am Galgen erhängt – sie wurde zuvor der Zauberei für schuldig befunden. Bis 2012 gab es lediglich ein Stoppschild in gesamt Paris: am Ausgang eines Grundstücks für Baumaterialien, im 16. Arrondissement – heute gibt es überhaupt keines mehr. Theoretisch war es bis 2012 Frauen in Frankreich untersagt, ohne offizielle Erlaubnis Hosen zu tragen. Per Gesetz erlaubt ist es hingegen bis heute, einen toten Menschen zu heiraten.

Aus der französischen Küche ...

Die französische Küche gilt als die beste in Europa. Sie ist für ihre Vielseitigkeit und Qualität berühmt und wurde 2010 sogar zum immateriellen Weltkulturerbe gekürt.

Der berühmteste französische Koch, der 1989 sogar zum Koch des Jahrhunderts gekürt wurde, war Paul Boucuse. Sein Name ist eng mit dem Begriff der Nouvelle Cuisine verbunden – das sind relativ einfache Gerichte, bei denen die Zubereitung der Speisen unter der Bewahrung des Eigengeschmacks geschieht, im Gegensatz zur Haute Cuisine, wo der kulinarische Aufwand keine Grenzen zu kennen scheint.

Viele Begriffe aus der französischen Küche haben in den deutschen Sprachschatz Einzug gehalten, zum Beispiel: Gratin, Soufflé, Quiche, Sorbet, Ragout, Omelett, Mousse, Filet, Entrecôte, Vinaigrette ...

Beliebte Nationalgerichte sind Coq au Vin (Hähnchen in Rotweinsoße), **Bouillabaisse** (Mediterrane Fischsuppe) und **Ratatouille**.

Ratatouille
1 Gemüsezwiebel
4 Knoblauchzehen
1 große Aubergine
2 Zucchini
2 rote Paprika

2 gelbe Paprika
2 kleine oder 1 große Dose gestückelte Tomaten
½ Tube Tomatenmark
3 TL Kräuter der Provence
1 TL gehackte frische Salbeiblätter
1 TL Zucker
2 TL Olivenöl
Salz
schwarzer Pfeffer

Die Aubergine in Würfel schneiden, salzen und ziehen lassen. Nach 15 Minuten sorgfältig trocken tupfen. Die Zwiebel würfeln, Zucchini und Paprika in etwa gleich große, mundgerechte Stücke schneiden. Knoblauch schälen und klein hacken.

Zwiebel, Knoblauch und Zucchini in dem Olivenöl anbraten dann die Paprika beifügen und zuletzt die Aubergine. Bei großer Hitze etwa 5 Minuten weiter braten, ab und zu umrühren. Das Tomatenmark unterrühren, mit Pfeffer und Salz würzen.

Die gestückelten Tomaten mit Flüssigkeit zugeben und alles etwa 20 Minuten bei geringer Hitze „al dente" köcheln lassen. Eventuell etwas Wasser nachgießen.
Vor dem Servieren nochmals abschmecken.

Typisch griechisch

Griechenland
Fläche: 131.957 km²
Einwohner: 10.761.523
Einwohner pro km²: 81,6
Hauptstadt: Athen
Amtssprache: Griechisch
Währung: Euro
Staatsform: Parlamentarische Republik (seit 1975)
Internetkennung: .gr
Autokennzeichen: GR

Was ist typisch griechisch?

Der „typische Grieche" ist für die meisten Deutschen bis heute Alexis Zorbas. Der gleichnamige Film von 1965 zählt zu den erfolgreichsten Filmen überhaupt und prägt seither unser Bild des genusssüchtigen und arbeitsscheuen Griechen, der seine Zeit im Cafeníon oder tanzend am Strand verbringt. In dem Roman von Nikos Kazantzakis, der dem Film zugrunde liegt, wird allerdings beschrieben, dass Alexis Zorbas sein Leben zwar in vollen Zügen genoss, aber bis ins hohe Alter schwer gearbeitet hat. Nur hat kaum ein Deutscher dieses Buch gelesen.

Man muss aber sagen, dass der Film durchaus ein Segen für Griechenland war, da er Tausende Touristen angelockt hat. Doch das Klischee des faulen Griechen ist bis heute in den Köpfen geblieben.

Nikos Dimou, der bekannte griechische Intellektuelle, behauptet in seinem Klassiker „Über das Unglück, ein Grieche zu sein": „Zwei Griechen schaffen in zwei Stunden (wegen Streitigkeiten), was ein Grieche in einer Stunde schafft."

Die Griechen arbeiten anders als wir Deutschen, nicht weniger, nur oft eben weniger produktiv. Dabei fehlt es den Griechen nicht an Fleiß, aber an guter Ausbildung und vor allem Organisationstalent.

Die meisten Griechen würden sich einen kreativen Beruf wünschen. Trotzdem träumten vor ein paar Jahren noch viele Griechen von einer Beamtenstelle. Das bedeutete zwar eine wenig abwechslungsreiche Arbeit, aber es war ein sicherer und gut bezahlter Job. Bedingt durch die Krise sowie die viel zu niedrigen Löhnen sind die Griechen heute häufig gezwungen, zwei oder mehr Jobs auszuüben, und arbeiten daher oft mehr als zwölf Stunden. Aus einer Studie von Eurostat aus dem Jahr 2014 geht hervor, dass die „faulen" Griechen, so sie Arbeit haben, wöchentlich mehr Stunden arbeiten als die „fleißigen" Deutschen (44,2 Stunden gegen 41,5 Stunden).

Wie alle Südländer kultiviert der Grieche aber durchaus die Ruhe. Alles braucht seine Zeit. Von Hektik hält der Südländer nichts, nur keinen Stress. Und um diese Gemächlichkeit beneiden wir die Griechen insgeheim.

Typisch für die Griechen ist es auch, in aller Ruhe im Café zu sitzen und einen Frappé zu genießen. Merkwürdiger Weise kommt der Name dieses typisch griechischen

Getränks aus dem Französischen und bedeutet: schütteln. Geschüttelt werden Eiswürfel, Milch und oder Wasser und Instantkaffeepulver mit etwas oder etwas mehr Zucker in einem großen Papp- oder Plastikbecher. Getrunken wird das aufgeschäumte Kaltgetränk mit einem Strohhalm. Touristen erkennt man daran, dass sie ihren Frappé viel zu schnell trinken, weil er so ausgesprochen köstlich und erfrischend ist. Die Griechen nippen an ihrem Frappé, genießen ihn, sitzen in der Sonne, beobachten Passanten, diskutieren über Politik oder philosophieren über das Leben an sich. Sie nehmen den Becher, der immer noch halbvoll ist, auch gerne mit an den Strand oder zur Arbeit. Auch einen Kaffee zu trinken, braucht in Griechenland seine Zeit.

Ebenso nehmen sich die Griechen zum Essen mehr Zeit als wir. Stundenlang kann ein Essen dauern, denn der Grieche isst am liebsten in größerer Gesellschaft, und jeder bestellt etwas, von dem später auch jeder probieren kann. Zuerst werden natürlich die Vorspeisen ausgesucht, und diese sind reichhaltig.

Jedes Mal, wenn wir hier in Deutschland griechisch essen gehen, ermahnt mich mein griechischer Ehemann, zu bedenken, dass die Hauptspeisenteller schon so üppig sind, dass es nicht notwendig sei, eine oder sogar mehrere Vorspeisen zu bestellen. Und jedes Mal ist er es, der sich nicht beherrschen kann, doch wenigstens Chtipití (scharfe Käsecreme), Kolokythákia (gebratene Zucchinischeiben), Dolmadákia (gefüllte Weinblätter) und Saganáki (gebackene Käsescheiben) zu bestellen.

Ich kenne aber auch keinen Griechen, der auf die Idee käme, nur einen Hauptgang zu wählen. Man bestellt von allem, bis auf dem Tisch kein Platz mehr ist. Doch gerade, wenn man in Gesellschaft ist, dauert das Essen auch entsprechend lang. Man nimmt sich Zeit dafür und genießt Geselligkeit und Gaumenfreuden gleichermaßen. Dazu gehören natürlich auch der unvermeidliche Retsína (geharzter Weißwein) und Ouzo bzw. Tzípuro (Tresterbranntwein, mit Grappa zu vergleichen). Alle Griechen, die ich bisher kennengelernt habe, trinken selbst lieber Tzípuro, der Ouzo ist für die Touristen.

In deutschen Restaurants ist es üblich, leere Gläser und Flaschen abzuräumen und immer nur das zuletzt bestellte Getränk stehen zu lassen. In Griechenland gehört es dazu, alle benutzen Gläser und sämtliche bestellten und auch schon geleerten Flaschen auf dem Tisch stehen zu lassen. Jeder soll schließlich sehen, wie gut es einem geht und was man sich leisten kann.

Bei jedem griechischen Fest, das ich bisher erlebt habe, gab es Livemusik, und nach einem reichhaltigen Essen wurde immer getanzt. Ob Krise oder nicht – der Grieche weiß zu feiern. Vielleicht verstehen es die Griechen so gut und ausgiebig zu feiern, weil sie von jeher einen Hang zum Dramatischen haben. Kleinigkeiten werden gerne übertrieben aufgebauscht und dramatisiert, da braucht man eben einen Ausgleich.

Faszinierend finde ich, dass in Griechenland so viel und häufig getanzt wird und jede Region ihre eigenen Tänze hat. Griechen jeden Alters beherrschen die Schrittfolgen und schließen sich dem reigenartigen Tanz an. Der Deutsche tanzt, wenn er gut gelaunt ist oder zu viel getrunken hat. Der Grieche kann auch tanzen, wenn er todtraurig ist. Bei uns tanzen überwiegend Frauen; nicht selten kommt es vor, dass sich auf der Tanzfläche nur Mädchen tummeln. Die Griechen haben Tänze, bei denen ein einzelner Mann mit dramatischen Gesten und finsterer Miene eine bestimmte Schrittfolge ausführt. Die übrigen Tanzwilligen knien sich an den Rand der Tanzfläche und klatschen im Takt des „Zeibekiko", bis der Tänzer einem anderen Platz macht und sich seinerseits an den Rand hockt.

Die Musikrichtung „Rembetiko" wird auch als griechischer Blues bezeichnet, denn die Texte berichten von den alltäglichen Sorgen der einfachen Leute. Ursprünglich wurden Rembetika von den Flüchtlingen aus Kleinasien gespielt, später entwickelte sich daraus eine der populärsten Musikrichtungen Griechenlands. Ende 2017 wurde der Rembetiko in die Liste des immateriellen Kulturerbes der Menschheit aufgenommen.

Der Sirtaki, den die meisten Deutschen aus dem Film „Alexis Zorbas" kennen, ist hingegen kein typischer traditioneller griechischer Tanz. Weil der Schauspieler Antoni Quinn sich beim Lernen der original griechischen Tänze so schwergetan haben soll, wurde eigens für ihn eine einfachere Schrittfolge erdacht. Ganz nach dem Motto: Nur kein Stress, für alles gibt es auch eine griechische Lösung!

(Ina Colen-Simeonidis)

Gewusst?

In Griechenland ist ein Geburtstag kein großer Anlass für eine Party – stattdessen feiert man den Namenstag. Etwa 87 Prozent der Griechen gehören nämlich der griechisch-orthodoxen Religion an und die meisten Namen gehen auf christliche Heilige zurück. Deren Todestage feiert man als Gedenktage und gleichzeitig an jenem Tag alle, die den Namen des Heiligen tragen. Jede Geste mit offener Handfläche gegen eine Person fasst man in Griechenland als Beleidigung auf, vor allem wenn beide Hände benutzt werden – so bleibt nichts anders übrig, als mit geschlossener Faust zu winken oder dabei die Handinnenflächen zu sich selbst zu drehen. Menschen, die besonders schön sind, spuckt man ein „ftou, ftou, ftou" entgegen: Das soll Neider und böse Geister von der Person fernhalten. Auch mit jenen, die von einem Unglück erzählen, wird so verfahren. Mit dieser Art Pusten soll der Teufel vertrieben, aber das Böse auch vor einem selbst ferngehalten werden. Übrigens soll auch das allgegenwärtige Türkis-Blau in Griechenland laut alten Sagen böse Geister vertreiben: Deshalb haben viele griechische Kirchen, etwa auf der Insel Santorin, blaue Kuppeln, ebenso Türen, Fensterläden oder Möbelstücke. Die blau-weiße Farbe auf der griechischen Flagge wurde aber vom ersten König des neuen Griechenlands, Otto I. und Sohn von König Ludwig I., eingeführt. Letzterer war übrigens ein großer Bewunderer der griechischen Antike und der hellenischen Kultur – daher verdankt Bayer Ludwig I. sein „y". Er verfügte nämlich 1825 per amtlichem Erlass, dass „Baiern" künftig mit griechischem Ypsilon zu schreiben sei. Aischylos, den berühmten griechischen Tragödiendichter der Antike, soll Überlieferungen zufolge 455 v. Chr. der Tod ereilt haben, da ihn eine Schildkröte, welche ein Adler fallen ließ, erschlug. Vermutlich kam es zu dem Missgeschick, weil der Vogel die Glatze des Dichters mit einem Felsen verwechselte: Diesen hätte er nutzen wollen, um den Schildkrötenpanzer zu knacken.

(Ina Colen-Simeonidis)

Aus der griechischen Küche ...

Jedes Jahr urlauben etwa vier Millionen Deutsche in Griechenland und haben dort die Gelegenheit, den Geschmack der griechischen Küche kennenzulernen – sofern sie nicht das Touristenmenü bevorzugen.

Typisch für ein Essen unter Griechen ist eine Fülle an Tellerchen und Schüsseln und Platten mit den unterschiedlichsten Leckereien, die in der Mitte des Tisches platziert werden und von denen sich jeder seinen eigenen Vorspeisenteller zusammenstellen kann. Innerhalb der Familie spart man sich die Platzteller und speist direkt von den Platten und Schüsseln.

Möchte der Urlauber in einem griechischen Restaurant seiner Heimatstadt dieses kulinarische Urlaubsgefühl noch einmal aufleben lassen, ist er vielleicht enttäuscht, weil er sich für einen Teller entscheiden muss, entweder für ein Einzelgericht oder eine feste Zusammenstellung. Da gibt's nur eins: **Tzatziki, Dolmadákia, Choriátiki, Moussaka, Souvlaki, Soutzoukakia, Stifado** und **Gyros** selber machen, eine Flasche **Retsina** öffnen, eine angesagte griechische Musik-CD auflegen und den Abend mit einem **Ouzo** abschließen.

Tzatziki

150 g Quark (40 %)
1 Salatgurke
1 EL Olivenöl
1 EL Essig
1 TL Salz
2 Knoblauchzehen
Pfeffer

Quark in eine Schüssel geben, evtl. Flüssigkeit abgießen. Die Knoblauchzehen schälen, durch eine Knoblauchpresse drücken.

Zum Quark geben, alles miteinander vermengen und die Masse mit Essig, Olivenöl, Salz und Pfeffer abschmecken. Die Gurke schälen, fein raspeln, gut ausdrücken und abtropfen lassen und hinzufügen.

Tzatziki schmeckt am besten, wenn er gut durchgezogen ist.

Dolmadákia – gefüllte Weinblätter

100 g Weinblätter
200 g gemischtes Hackfleisch
50 g Rundkornreis (Milchreis)
1 kleine gehackte Zwiebel
Salz, Pfeffer
1 TL Butter
1 Eigelb
Saft einer ½ Zitrone

Die Weinblätter ca. 2 Minuten in kochendem Wasser blanchieren.

Hackfleisch, Reis, Zwiebel in einen Topf geben und mit Salz und Pfeffer würzen. Mit der Butter vermischen und bei niedriger Hitze schmoren lassen. Ein blanchiertes Weinblatt mit der glatten Seite nach unten legen und einen Löffel der Füllung in die Mitte geben. Die Blattspitze fest darüber rollen, die Seitenteile einschlagen und zum Stengl hin einrollen.

Einen kleinen Topf mit Weinblättern auslegen und die gefüllten Weinblätter eng nebeneinander hineingeben. Mit heißem Wasser bedecken und mit einem passenden Teller abdecken. Bei 180 Grad auf der mittleren Schiene etwa 50 Minuten im Backofen garen lassen.

Eigelb und Zitronensaft vermischen und über die Weinblät-ter geben und weitere 10 Minuten im Ofen ziehen lassen.

(Ina Coelen-Simeonidis)

Typisch holländisch

Niederlande
Fläche: 41.548 km²
Einwohner: 17.231.000
Einwohner pro km²: 414,8
Hauptstadt: Amsterdam
Amtssprache: Niederländisch
Währung: Euro
Staatsform: Konstitutionelle Monarchie (seit 1814)
Internetkennung: .nl
Autokennzeichen: NL

Was ist typisch holländisch?

Im deutschen Sprachgebrauch ist Holland gleichbedeutend mit den Niederlanden. Dabei ist Holland eigentlich nur ein Teil der 12 niederländischen Provinzen, aufgeteilt in Noord Holland mit Amsterdam sowie Zuid Holland mit Rotterdam und Den Haag. Selbst manche Niederländer verwenden den Begriff „Holland" für ihre Heimat. Das geht zurück auf das 17. Jahrhundert, als Holland die einflussreichste Provinz war und man sich im ganzen Land stolz als Holländer bezeichnete. Seit Anfang 2020 gilt eine neue Regel, dass sich im offiziellen Sprachgebrauch der Begriff Holland ausschließlich auf die beiden gleichnamigen Provinzen bezieht. Das Land heißt Niederlande. Im 17. Jahrhundert erlebten die Niederlande ihre Blütezeit. Es ist kaum zu glauben, dass die Hälfte des gesamten Welthandels über dieses kleine Land gelaufen ist. Das

Handelsmonopol hatte die Vereenigde Oostindische Compagnie (VOC), die über 100 Jahre sehr erfolgreich war und nach ihrem Bankrott als Handelsgesellschaft ebenso erfolgreich in den Sklavenhandel einstieg.

Die Niederlande sind eines der am dichtesten besiedelten Länder der Erde. Und sie sind statistisch gesehen das Land mit den hinsichtlich der Statur größten Menschen mit einer durchschnittlichen Größe von 1,83 m bei Männern und 1,72 m bei Frauen.

Die Niederländer gelten als tolerant, optimistisch, offen und liberal. Als erstes Land der Welt ermöglichten sie die Homo-Ehe, ließen die Sterbehilfe zu und führten als eines der ersten Länder das Frauenwahlrecht ein und schafften die Todesstrafe ab. Sie lockerten die Drogenpolitik und liberalisierten das Glücksspiel.

Bei der **Einwanderungspolitik** setzte man eher auf Multikulti statt wie in Deutschland auf Integration. Die Migranten sollten ihre eigene Sprache sprechen und in ihrer eigenen Kultur leben können, wodurch fast ausgeschlossen war, dass sie Teil der Gesellschaft wurden. Nach und nach hat sich das niederländische Volk in zwei Teile gespalten: in Weltoffene und Nationalisten.

Bei der **Parlamentswahl** 2017 erreichte die PVV, die rechtspopulistische *Partei für die Freiheit* des Islamkritikers Geert Wilders, mit 13,6 Prozent der Stimme den zweiten Platz. Sieger wurde die konservativ-liberale Volkspartei VVD von Mark Rutte. Dennoch hat die VVD Wähler verloren und die PVV Stimmen hinzubekommen.

2019 bei den **Provinzwahlen** verloren beide Parteien viele Stimmen an die erst zwei Jahre zuvor gegründete *Partei Forum voor Democratie* FvD von Thierry Baudet, die zum ersten Mal an einer Wahl teilnahm. Baudet ist gegen die EU, gegen Immigration, gegen eine aktive Klimaschutzpolitik und für die Wiedereinführung von Grenzkontrollen, für eine bessere nationale Verteidigung und die Erhaltung niederländischer Werte.

Die Partei des Regierungschefs Mark Rutte, VVD, hatte die Mehrheit verloren und ist seitdem für die Durchführung von Gesetzesvorhaben auf einen Koalitionspartner angewiesen.

Typisch niederländisch!

Die Niederlande sind für manches Klischee gut, allen voran Tulpen, Käse, Windmühlen und Radfahrer. Stimmt alles.

Derzeit werden in den Niederlanden jährlich etwa zwei Milliarden **Tulpen** produziert. Sie sind der größte Tulpenproduzent weltweit. Seit Jahrhunderten werden hier Tulpen gezüchtet und exportiert. Es gibt mehr als tausend Züchtungen, die im Frühjahr auf 9.500 Hektar Anbaufläche in allen möglichen Farben blühen.

Das Mekka für alle Tulpenliebhaber ist Keukenhof, wo die Tulpenpracht auf 32 Hektar die Besucher in wahre Begeisterungsstürme versetzt.

Die kanadische Hauptstadt Ottawa feiert jedes Jahr im Mai zwei Wochen lang das Canadian Tulip Festival, dessen Ursprung auf ein Ereignis im Januar 1943 zurückgeht. Die niederländische Königsfamilie hatte während des Zweiten Weltkriegs Zuflucht in Ottawa gefunden. Hier wurde am 19. Januar 1943 Prinzessin Margaret geboren. In die Thronfolge darf nur eintreten, wer auch in den Niederlanden geboren wurde. Also hat man kurzerhand den Raum, in dem die Geburt stattfinden sollte, vorübergehend zu niederländischem Staatsgebiet ernannt. Als Dank sandte das Königshaus später 100.000 Tulpenzwiebeln nach Ottawa, und jedes Jahr werden weitere geliefert. Mittlerweile blühen die Tulpen millionenfach in der ganzen Stadt und ziehen Besucher aus nah und fern an.

Die Niederlande sind in Europa Marktführer beim **Export** von Lebensmitteln und landwirtschaftlichen Produkten und befinden sich weltweit auf dem zweiten Platz hinter den USA. In Deutschland kommt kaum ein Blumenladen ohne die Ware aus den Niederlanden aus. Ebenso ist es beim Gemüse, das auf einer Fläche von 87.000 Hektar (2017) angebaut wird. Dazu kommen noch die Gewächshäuser, von denen weltweit die meisten in der Gemeinde Westland in Zuid Holland zu finden sind. Die niederländischen Agrarexporte betrugen 2018 90 Milliarden Euro.

Käse zählt zu den frühesten Klischees der Niederlande, seit Jahrzehnten typisch holländisch präsentiert durch „Frau Antje", der Werbefigur des niederländischen Molkereiverbandes. Es gibt unendlich viele verschiedene Käsesorten, wobei in deutschen Supermärkten oft nur Massenware zu finden ist. In niederländischen Käseläden oder auf Käsemärkten wird weniger nach Ortsherkunft (Gouda, Edamer, Maasdammer, Leerdammer usw.) unterschieden, sondern nach Reifegraden, Zutaten und Geschmacksrichtungen, die dem Käse oft auch außergewöhnliche Farben und Geschmacksnuancen verleihen. Die Niederlande liegen zwar bei der Käseproduktion weltweit an der Spitze, beim Käsekonsum rangieren sie mit 21,6 Kilogramm pro Kopf im Jahr allerdings erst an achter Stelle.

Der Bestand an **Windmühlen** geht in den Niederlanden zwar zurück, doch es sind immer noch mehr als tausend, die verschiedene Zwecke erfüllen: als Sägemühle, zum Mahlen von Korn oder zum Trockenlegen von Poldern. Sie sind eines der Wahrzeichen des Landes. Die typische holländische Mühle lässt sich im oberen Teil drehen, um den Wind aus jeder Richtung nutzen zu können. Am jährlich im Mai stattfindenden Nationalen Mühlentag können 600 von ihnen besichtigt werden.

In den Niederlanden gibt es mehr „**Fiets**" (**Fahrräder**) als Einwohner. Sämtliche Einwohner aller Altersstufen treten statistisch gesehen pro Kopf und Jahr ungefähr 1.000 Kilometer in die Pedale. Das Land weist keine nennenswerten Steigungen auf, das 30.000 Kilometer lange Radwegenetz ist sehr gut ausgebaut. Wie in vielen anderen Ländern befindet sich auch hier das E-Bike auf dem Vormarsch.

Die großen Künste wären ohne die Niederlande wesentlich ärmer. Die **Malerei** wurde geprägt durch so große Künstler wie Rembrandt, Frans Hals, Hieronymus Bosch, Pieter Brueghel den Älteren und den Jüngeren,

Jan Vermeer, Piet Mondrian, M. C. Escher und Vincent van Gogh. In jedem Jahrhundert waren Niederländer vertreten.

In der **Literatur** haben Autoren wie Cees Noteboom, Maarten 't Hart, Jan de Hartog, Harry Mulisch, Janwillem van de Wetering und Anne de Vries auch ihre Leserschaft im deutschsprachigen Raum. Bei den Kinderbüchern waren dies vor allem Meindert de Jong, Anne de Vries und Tonke Dragt.

Einen Literatur-Nobelpreisträger haben die Niederlande nie hervorgebracht, doch in den anderen Kategorien gleich 21, darunter zwei Friedensnobelpreisträger.

Der größte musikalische Exportschlager in den 1960er-Jahren war der 1955 geborene Hein Simons, genannt **Heintje**, der die Mutterherzen mit „Mama" zum Schmelzen brachte und in Deutschland bis zu seinem Stimmbruch eine Goldene Schallplatte nach der anderen und weitere Auszeichnungen einheimste.

In seine Fußstapfen trat in den 1990er-Jahren **Jantje Smit**, nur mit dem Unterschied, dass dieser im eigenen Land wesentlich erfolgreicher war, was acht Platin-Schallplatten in den Niederlanden beweisen. Mit Florian Silbereisen und Christoff de Bolle gründete er als Jan Smit 2015 die vor allem in Deutschland sehr erfolgreiche Band Klubbb3.

Eloy de Jong, früher bei Caught in the Act, hat eine erfolgreiche Solokarriere gestartet.

Die Popband **George Baker Selection** war fast 20 Jahre lang in den Niederlanden in den Charts, mit Paloma Blanca in Deutschland immerhin 37 Wochen hintereinander.

Die Band **Pussycat**, bestehend aus drei Schwestern, landete 1975 mit Mississippi ihren größten Hit. In den Niederlanden hielten sie sich acht Jahre in den Charts.

1961 wurde in Den Haag die international bekannte und erfolgreiche Popband **Golden Earring** gegründet. Fast 60 Jahre danach gibt es sie noch immer.

In den 1960er-Jahren war Amsterdam das Zentrum von PROVO, einer anarchistischen Protestbewegung, die durch gewaltfreie Aktionen Aufmerksamkeit erregen wollte. Das kam dem Beatle **John Lennon** und seiner Frau Yoko Ono gerade recht. 1969 demonstrierten sie im Hilton Hotel Amsterdam in der Suite 902 gegen den Vietnamkrieg und für den Frieden und empfingen die internationalen Reporter und Journalisten im Bett.

Aus Maastricht stammt der bekannte Violinist **André Rieu**, Leiter des Johann Strauss Orchesters und Musikproduzent. Mit seinem Orchester spielt er, oft vor großer Kulisse, klassische Musik, die er als Dirigent gleichzeitig mit seiner Violine begleitet und dabei noch locker durchs Programm führt.

In der Musik und in der Literatur hat sich **Herman van Veen** einen Namen gemacht. Er ist seit fast 50 Jahren erfolgreich. 1999 erhielt er das *Verdienstkreuz am Bande des Verdienstordens der Bundesrepublik Deutschland* wegen seines Beitrags zur deutsch-niederländischen Verständigung.

Johannes Heesters aus Amersfoort hat in den 108 Jahren seines Lebens unzählige Filme gedreht, zahlreiche Platten herausgegeben und alle nennenswerten Preise verliehen bekommen, darunter etliche für sein Lebenswerk. In seiner Heimat war er umstritten, da er in Deutschland auftrat, während deutsche Truppen sein Land besetzt hatten.

Das deutsche Fernsehen trauert noch heute um den 2006 verstorbenen Showmaster und Entertainer **Rudi Carrell**. Hingegen fast vergessen ist sein Vorgänger **Lou van Burg**, der als einer der Ersten Spielshows ins deutsche Fernsehen brachte.

Wer kennt schon Margaretha Geertruida Zelle aus Leeuwarden? Sie war eine exzentrische Künstlerin und Nackttänzerin und wurde unter dem Namen **Mata Hari** im Ersten Weltkrieg als Doppelagentin bekannt.

In Südafrika wurde 1652 von dem Niederländer Jan van Riebeeck eine Versorgungsstation für die Schiffe der VOC auf ihrer Indien-Route gegründet. Die Siedlung, das heutige Kapstadt, wuchs und war 200 Jahre in niederländischem Besitz.

1866 wurde auf der Farm der Brüder *Johannes Nicolaas* und *Diederik Arnoldus **de Beer*** der erste **Diamant** gefunden. Dieser Fund löste einen Rausch aus, und bald schon gruben Unmengen von Diamantensuchern völlig unkontrolliert auf dem Gelände. Die de Beers verkauften ihren Besitz und verließen das Land. Ihr Name wurde von der 1888 gegründeten *De Beers Consolidated Mines Limited* übernommen. Heute ist de Beers der weltweit größte Diamantenhändler und produziert im Jahr Diamanten von insgesamt mehr als 50 Millionen Karat, sämtlich aus eigenen Minen.

In der Geschichte des Königreichs der Niederlande Oranien-Nassau ist **Willem Alexander** der siebente König. Er folgte 2013 seiner Mutter **Beatrix** auf den Thron. Wie in anderen Monarchien auch hat er in erster Linie repräsentative Verpflichtungen. Seine Gattin Maxima ist sehr populär und hat nicht unwesentlich zum Ansehen des Königshauses in der Öffentlichkeit beigetragen. Das Paar hat drei Töchter.

Die Niederlande sind eines von vier **Euro-Ländern**, die aufgrund eines Generationswechsels in der Monarchie die Motive ihrer Münzen neu gestalten mussten. Nach Königin Beatrix ziert nun König Willem Alexander die Geldstücke.

Die Niederländer feiern gerne mit ihrem Königshaus. Der **Königstag** wird am 27. April, dem Geburtstag des Königs gefeiert. Es ist ein ausgelassenes, lustiges Fest für alle Bevölkerungsschichten und eine landesweite riesige Party. An keinem Tag sieht man mehr Personen mit orangen Perücken auf den Straßen als äußeres Zeichen der Königstreue.

Nationalfeiertag ist der 5. Mai. An diesem Tag im Jahr 1945 kapitulierten die deutschen Truppen in den

Niederlanden und setzten der fünf Jahre währenden Besetzung des Landes ein Ende.

Der **Fähnchentag** hat nichts mit dem Königshaus zu tun, er bezeichnet den Beginn der Fangsaison für Heringe und wird vor allem in Scheveningen gefeiert. Früher wurden an diesem Tag die Fischerboote mit Fähnchen geschmückt, bevor sie zum Heringsfang in See stachen. Die Fangmethoden haben sich über die Jahre geändert, am Fähnchentag halten aber noch viele Orte fest.

Die niederländische Heringsspezialität ist der **Matjeshering**. Matjes sind laut Wikipedia „besonders milde, vor Erreichen der Geschlechtsreife verarbeitete Heringe, die im traditionellen Verfahren durch fischeigene Enzyme in einer Salzlake gereift sind." Was ein echter Niederländer ist, der verspeist den Matjes auf diese Weise: Die Filethälften hängen am Schwanz zusammen, dieser wird gepackt, der Kopf in den Nacken gelegt uns schon verschwindet voller Behagen den Fisch im Mund.

Etwa die Hälfte des Landes liegt weniger als einen Meter, ungefähr ein Viertel unterhalb des Meeresspiegels. Die mehr als 450 Kilometer Küstenlinie müssen gut geschützt werden, damit das Land nicht noch einmal von solch einer verheerender Sturmflut wie 1953 heimgesucht werden kann, in der damals 1835 Menschen und Hunderttausende Tiere ertranken. In den folgenden 25 Jahren wurde das **Delta Projekt** realisiert, eine Reihe von Dämmen und Sperrwerken, die dazu dienten, die unter dem Meeresspiegel liegenden Teile der Provinzen Seeland, Noord Brabant und Zuid Holland vor Überschwemmungen zu schützen. Die durch die Mündungsarme von Maas und Rhein sehr stark zerklüftete Küstenlinie wurde dadurch um fast 300 Kilometer verkürzt.

Ein Teil der Deltawerke ist das beeindruckende drei Kilometer lange Oosterschelde Sturmflutwehr. Die Tafelschütze (Stahltore) zwischen den 65 Betonpfeilern können bei drohender Sturmflut geschlossen werden. 1986 wurde dieses „achte Weltwunder", eines der größten Bauprojekte der Welt, von Königin Beatrix eingeweiht.

Schon im 17. Jahrhundert wurde der Gedanke ins Auge gefasst, alle Inseln von Texel bis Schiermonnikoog durch eine feste Landbrücke miteinander zu verbinden. Allerdings dauerte es noch 300 Jahre, bis das Projekt in stark abgespeckter Form Gestalt annahm. In den Jahren 1920 bis 1932 wurde der **Afsluitdijk** (Abschlussdeich) gebaut, der die Zuidersee gegen die Nordsee abschloss und zum **Ijsselmeer** machte. Die Inseln Marken und Urk wurden durch Deiche mit dem Festland verbunden, Polder wurden trockengelegt, wobei viele Windmühlen zum Einsatz kamen. Mit den Jahren entstand durch Landgewinnung eine völlig neue Provinz, Flevoland, die mehr als 400.000 Menschen neuen Lebensraum bot.

Im 16. Jahrhundert wurde für teures Geld Porzellan aus China nach Europa importiert. Ende des Jahrhunderts konnte man in einer Manufaktur in **Delft** eine preiswertere Alternative herstellen mit blauem Dekor, das **Delfter Blau**. In der Zeit bis 1750 entstanden viele Keramikunternehmen, die in alle Welt exportierten, bis die Keramiken um 1800 in England billiger produziert werden konnten.

Es wurden Deko-Artikel und Gebrauchsgegenstände produziert. Heute ist von all den Unternehmen nur noch eines übrig geblieben: Royal Delft, das seit 1653 gut im Geschäft ist.

An deutschen Feiertagen machen sich in Grenznähe wahre Heerscharen zum Einkaufen „nach Holland" auf. Käse, Obst und Gemüse, aber auch der Kaffee, ist im Nachbarland eindeutig preiswerter. Zigaretten kosten allerdings etwa 20 Prozent mehr als in Deutschland.

Auch gibt es in niederländischen Supermärkten einige Artikel, die man in deutschen Läden oft vergeblich sucht oder nur schwer findet, zum Beispiel Honigkuchen, der gern zum Frühstück gegessen wird, **Stropwaffeln** (doppelte, dünne Waffeln mit Karamellfüllung, manchmal noch zusätzlich gesalzen), **Schokostreusel und -flocken** fürs Butterbrot oder salzige **Erdnussbutter**.

Als schneller Snack bieten sich die legendären **Pommes frites** an, am besten in Kombination mit **Kibbelingen**, in Backteig frittierte Fischfiletstückchen, oder **Poffertjes**, kleine dicke Pfannkuchen mit geschmolzener Butter und Puderzucker. Sehr beliebt als Fastfood sind auch Frikandellen, schmackhafte Bratrollen, die in vielen Variationen angeboten werden.

Eine Besonderheit sind auch die **Muisjes**, Anisstreusel, die auf Zwieback gegessen werden. Zur Geburt eines Kindes gibt es sie sogar wahlweise in Hellblau oder Rosa, und wenn es Nachwuchs im Königshaus gibt, in Orange.

Anders als in Deutschland ist in den Niederlanden ist der Besitz von **Haschisch** und **Marihuana** in kleinen Mengen zum persönlichen Gebrauch erlaubt. Der Verkauf an Personen über 18 in einer Menge von maximal fünf Gramm pro Kopf erfolgt in Coffeeshops. Auch der Anbau von Cannabis ist legalisiert worden, die Samen kann man überall erwerben. Damit sollen Straßenverkauf und Schwarzmarkt eingedämmt und eine staatliche Kontrolle ermöglicht werden. Unumstritten ist die Legalisierung nicht, aber die Gegner der **Drogenpolitik** sind in der Minderzahl.

Fährt man mit dem Auto durch die Niederlande, fällt auf, dass bei vielen Häusern die **Gardinen** an den oft sehr großen Fenstern fehlen und man den vollen Ein- oder Durchblick in die Wohnungen hat. Hier wird signalisiert, dass man nichts zu verbergen hat. Oder sind Fenster einfach billiger als Steinwände? Dass eine Abgabe für das Aufhängen von Gardinen entrichtet werden musste, eine Gardinensteuer, ist nicht wahr.

Die niederländischen **Klompen**, ganz aus Holz hergestellte Schuhe, sind ein beliebtes Souvenir für Touristen. Ohne Dekor werden sie in ländlichen Bereichen und zu Trachten jedoch immer noch getragen. Die Holzschuhe haben mit dem Holzschuhtanz in Lortzings Oper Zar und Zimmermann sogar in die klassische Musik Einzug gehalten.

Bei der **Fußball-Weltmeisterschaft** waren die Niederlande seit 1934 neunmal dabei und wurden 1974, 1978 und 2010 jeweils Zweiter, 2014 Dritter und 1998 Vierter.

Für die Weltmeisterschaften 2002 und 2018 hat sich die niederländische Nationalmannschaft nicht qualifizieren können.

Grachten sind schon vor Jahrhunderten angelegte Gräben zur Entwässerung oder für den Warentransport, bisweilen auch zur Verteidigung. Heute gehören diese Grachten zum Ortsbild und sind vielerorts zu touristischen Attraktionen geworden, auf denen auch Bootsfahrten angeboten werden. Am bekanntesten für seine Grachten ist Amsterdam, weitere Städte mit Grachten sind Alkmaar, Delft, Dordrecht, Gouda, Groningen, Haarlem, Leeuwarden, Leiden, Utrecht und Zwolle. Ein besonders schöner Ort mit Grachten ist das kleine autofreie Dorf Giethoorn in der Provinz Overijssel, wo die vielen Grachten von 180 Brücken überspannt werden.

Die Niederlande sind die Heimat der **Center Parks**, von denen über das ganze Land verteilt neun Stück existieren. Es handelt sich dabei jeweils um eine kleine Welt für sich, in schöner Landschaft gelegen, mit Läden und Restaurants, Wald und Strand, Erlebnisbad und Spielzentrum, Tropen- und Dschungel-Attraktionen, Sportmöglichkeiten für alle Altersgruppen, Kindergärten und oft auch mit Hotels.

Lange Zeit herrschte zwischen **Deutschland** und den **Niederlanden** ein eher gespanntes Verhältnis. Zwischen 1940 und 1945 hatten deutsche Truppen das Nachbarland besetzt und blockierten an September 1944 dessen Versorgung mit Brennstoffen und Lebensmitteln. Ein Hungerwinter war die Folge, dem 22.000 Menschen zum Opfer fielen. Einige Jahre lang wurde das Feindbild gepflegt, dann normalisierte sich das Verhältnis langsam wieder. Inzwischen ist Deutschland für unsere Nachbarn das Urlaubsziel Nr. 1.

Und wie sehen die **Niederländer** sich selbst? Sie leben nach der Maxime: „Doe maar gewoon, dan doe je al gek genoeg" – „Tu es einfach, das ist schon verrückt genug".

(Edith Kölzer)

Gewusst?

Hellsehen ist ein offizieller Ausbildungsberuf und die Kosten dafür trägt das Arbeitsamt – mit einer anerkannten Ausbildung winkt nämlich ein Job bei einem telefonischen Hellseher-Service. Im deutschen Sprachraum öffnet man die Exkremente-Schublade, um zu schimpfen, die Niederländer setzen hingegen auf den Geschlechtsteil-Wortschatz: Lief etwas schlecht, sagt man „kloten" (Hodensack), „lul" (Penis) ist nicht nur ein Körperteil, sondern auch die Vokabel für Blödmann. Außerdem wirft man in den Niederlanden Kloschüsseln, weil es Spaß macht, selbst Willem-Alexander ließ sich als Kronprinz am Königstag, dem 27. April, einmal zu einem solchen Wettbewerb überreden. Beim „swaffelen" hingegen schlägt man das männliche Geschlechtsteil gegen ein Bauwerk – der Hintergrund: Ein Student aus den Niederlanden klopfte während eines Indienaufenthalts sein Geschlechtsteil gegen eine seitliche Mauer des Taj Mahals, filmte es und stellte es auf YouTube. Durchschnittlich arbeiten Holländer übrigens nur 30,6 Stunden pro Woche. Die Mehrzahl der Einwohner ist nicht gläubig und Hausgeburten sind in den Niederlanden ganz normal: 20 Prozent aller Babys erblicken zu Hause das Licht der Welt. Der Flughafen Schiphol liegt 3,35 Meter unter NAP (Normaal Amsterdams Peil) und ist der einzige Flughafen weltweit, der sich unter dem Meeresspiegel befindet. Und in Amsterdam kann man auch mit Noppes bezahlen: Es ist eine alternative Bezahlart, mit der sich Fahrräder kaufen und verkaufen und Haarschnitte und Übersetzungsservices bezahlen lassen – dabei fließt kein Geld, es wird getauscht. Stirbt jemand in Amsterdam und es nimmt niemand an der Beerdigung teil, dann verfasst der Lyriker Frank Starin einen Vers für ihn und liest ihn am betreffenden Grab vor.

Aus der niederländischen Küche …

Die Niederländer lieben deftige, einfache Gerichte wie zum Beispiel Eintöpfe oder **Stamppot** (Stampfkartoffeln mit Kohl gemischt) mit **Rookworst** (geräucherte Schinkenwurst). Fisch wird überwiegend im Küstenbereich gegessen, wird aber auch im Binnenland geschätzt. **Matjes** ist schon seit dem Mittelalter ein traditioneller Leckerbissen. Sehr lecker sind auch die Kibbelinge (frittierte Kabeljaustückchen in Bierteig). Zum Frühstück gibt es nicht nur zur Weihnachtszeit **Honigkuchen**.

Überall im ganzen Land werden **Poffertjes** gebacken – in Bäckereien, Restaurants oder an Straßenständen erhält man diese kleinen dicken Pfannkuchen, die schon Anfang des 18. Jahrhunderts ihren Weg aus Frankreich in die Niederlande fanden und schnell zu einem Nationalgericht avancierten. Echte **Nederlandse Poffertjes** bestehen immer aus einer Mischung aus Buchweizen- und Weizenmehl.

Poffertjes

125 g Buchweizenmehl
125 g Weizenmehl
1 Ei
250 ml lauwarme Milch
250 ml Wasser
15 g frische Hefe (alternativ 7 g Trockenhefe)
50 g zerlassene Butter
Butter zum Bestreichen
Puderzucker

Zum Backen von Poffertjes wird eine spezielle Pfanne mit runden Mulden benötigt. Alternativ kann man auch eine Ballebäuschen- oder Blini-Pfanne nehmen.

Die Hefe in etwas warmer Milch auflösen. Das Mehl in eine Schüssel geben und vermischen und die aufgelöste Hefe, Milch und Wasser dazu geben. Mit dem Mixer zu einem glatten, flüssigen Teig verrühren. Das Ei verquirlen und mit der zerlassenen Butter und dem Salz zum noch handwarmen Teig geben.

Die Schüssel mit einem nassen Handtuch zudecken und etwa 30 Minuten gehen lassen.

In der Zwischenzeit die „Poffertjes-Pfanne" auf dem Herd erhitzen und einfetten. In jede Mulde etwas Teig einfüllen. Nacheinander von beiden Seiten goldbraun backen, zwischendurch mit einer Gabel wenden. Mit Butter bestreichen und Puderzucker bestreuen, warm servieren.

Typisch indisch

Indien
Fläche: 3.287.263 km²
Einwohner: 1.296.834.042
Einwohner pro km²: 394,5
Hauptstadt: Neu-Delhi
Amtssprache: Hindi und Englisch
Währung: Indische Rupie
Staatsform: Parlamentarische Bundesrepublik (seit 1950)
Internetkennung: .in
Autokennzeichen: IND

Was ist typisch indisch?

Kurz nach Mitternacht stehen meine Mutter und ich in einer Schlange vor der Passkontrolle am Indira Gandhi International Airport in New Delhi. Vor uns wartet eine vierköpfige Familie. Der Vater dreht sich um und beginnt das Gespräch. Er erzählt, dass sie ursprünglich aus Indien stammen, doch mittlerweile amerikanische Staatsbürger seien. Der freundliche Mann möchte wissen, ob meine Mutter das erste Mal in Indien ist. Sie nickt. „Welcome to India, Mam, have a wonderful journey through my country", sagt er und strahlt sie an. Meine Mutter ist entzückt von seiner herzlichen Begrüßung.

Nur wenig später schieben wir unseren beladenen Gepäcktrolley in Richtung Ausgang. Als sich die Glastüren öffnen, verlassen wir die gewohnte Hochglanzumgebung eines internationalen Flughafens und tauchen ein in eine andere

Welt. Dichte, feuchtheiße Luft schlägt uns ins Gesicht, das Hupkonzert des indischen Verkehrs ertönt. Begleitet von einer Traube aus plappernden Taxidrivern, bahnen wir uns den Weg an den Straßenrand. Die Verzückung meiner Mutter weicht dem Stress. Erste Schweißperlen rinnen über unsere Gesichter. Wir wählen aus der Traube und steigen in ein Taxi: ein Kleinwagen, dessen Zustand Zweifel weckt, ob er überhaupt noch fahren kann. Für unsere Rucksäcke ist im Kofferraum kein Platz, dort liegt eine riesige Gaskartusche. Wir klettern auf die Rückbank, die Säcke auf den Beinen, das Handgepäck im Rücken. Durch das Seitenfenster sammelt meine Mutter erste Eindrücke der fremden Welt – bewaffnete Patrouillen, Rudel kläffender Hunde, hupende und buntgeschmückte Lastwagen, schlafende Obdachlose am Straßenrand, ein Elefant samt Reiter.

Wer zum ersten Mal Indien besucht, ist nicht vorbereitet. Keine Lektüre, keine Fernsehdoku vermag das Gefühl zu transportieren, wie es ist, in diesem Land aufzuschlagen, oder gar das Wissen zu vermitteln, wie man sich in Indien bewegt. Ähnlich ergeht es dem Nichtschwimmer. Auch ihm hilft keine Theorie. Nur mit dem Sprung ins Wasser wird er Schwimmen lernen.

Indien ist anders – heiß, voller Menschen, Lärm, Gerüche und Schmutz. Auf offener Straße begegnet man hier gnadenloser Armut, verstümmelten Menschen und einer maßlosen Verschmutzung. Ungewohntes für behütete europäische Augen. Hinzu kommt, dass die Armut sich hier nicht höflich zurückhält. Sie streckt sich den Touristen direkt entgegen in Form von bittenden Kinderhänden, fehlenden Gliedmaßen oder gar offenen, eitrigen Wunden.

Meine Mutter ist nach den ersten Stunden in Indien völlig erschöpft von der Flut an Reizen und entsetzt von Armut und Chaos. Eine zufällige Begegnung rettet jedoch unseren Tag und vielleicht sogar die gesamte Reise. An der Rezeption unseres Hotels „Bloomrooms" in Delhi treffen wir zufällig den Inhaber. Er stammt aus Deutschland. „Wie schaffen Sie es nur, in diesem Land zu leben?", fragt ihn meine Mutter ganz direkt. Der Mann lächelt, er hört diese Frage wohl nicht zum ersten Mal. „Ich kann verstehen, warum Sie das fragen", antwortet er. „Wer es schafft, in Indien den Blick von Dreck und Armut auf den Straßen zu heben, der sieht ein wundervolles Land, voller Herzlichkeit, Farben und faszinierender Kultur."

Seine Worte helfen beim Schwimmen lernen. Nach nur wenigen Tagen bewegt sich meine Mutter geschmeidig durch Indien, wie ein Fisch im Wasser. Sie hebt den Blick, entdeckt die Farben, genießt das Essen, bestaunt die Andersartigkeit und erfreut sich an der herzlichen Gastfreundschaft. Und trotzdem: Abends in den Hotelbetten diskutieren wir viel und kritisch über die Armut, die Unterdrückung der Frau, die Hierarchie des Kastensystems. Indiens Gesellschaft ist streitbar, wie jede Gesellschaft. Es gibt tiefdunkle Seiten in diesem Land.

Indien hat 1,3 Milliarden Einwohner, 29 Bundesstaaten und eine Fläche von über drei Millionen Quadratkilometern. Deutschland würde neun Mal hineinpassen. Landschaftlich bietet Indien alles, was das Reiseherz begehrt – Traumstrände, Palmen und Meeresrauschen in Goa, die Wüste Thar in Rajasthan, pulsierende Megastädte wie Delhi, Mumbai oder Kolkatta, Dschungel samt vielfältiger, einzigartiger Tierwelt im zentralen Indien sowie das höchste Gebirge der Welt – den Himalaya im Norden. Indien ist die größte Demokratie der Welt und eine der am schnellsten wachsenden Volkswirtschaften. Hier leben unzählige Religionen überwiegend friedlich zusammen. Indien ist ein Land der Superlative und in jeder Hinsicht erlebenswert. Der Hinduismus, dem die meisten Inder angehören, ist eine ausdrucksstarke Religion mit unzähligen Göttern, ebenso vielen Festen und noch viel mehr Ritualen, die in ihrer farbenprächtigen Ausübung einen Augenschmaus für Touristen bieten. Die indische Küche eröffnet eine einzigartige Geschmackswelt, die es wie kaum eine andere Küche auf der Welt versteht, Gewürze miteinander zu kombinieren.

Indien beherbergt zahlreiche Weltkultur und -naturerbe, Tempel, Paläste, das Ganges-Flussdelta sowie eine kaum fassbare Vielfalt an Menschen, Tieren, Pflanzen und Landschaften, Fortbewegungsmitteln und Kuriositäten.

Für mich ist Indien mein Sehnsuchtsort. Wie kein anderes Land versetzt es mich in Staunen, regt meine Fantasie an und stellt mich als Journalistin vor die größten Herausforderungen. Indiens Schönheit und seine herzlichen Menschen zu genießen, bedeutet für mich höchstes Glück. Die harten Gegensätze der indischen Kultur und Gesellschaft zu spüren, verursacht gleichzeitig schlimmstes Leid in mir. Trotz dieser Widersprüchlichkeit, oder vielleicht gerade deshalb, zieht Indien mich seit meinem ersten Besuch magisch an.

Gewusst?

Der typische (Hollywood-)Stereotyp eines Inders mit Vollbart und Turban führt auf die Volksgruppe der Sikhs zurück – diese machen allerdings nur zwei Prozent der indischen Bevölkerung aus. Die indische Eisenbahn ist der größte Arbeitgeber weltweit: Insgesamt 1,6 Millionen Mitarbeiter kümmern sich darum, dass der indische Zugverkehr mit 11 Millionen Reisende pro Tag abgewickelt wird. Auch die größte Veranstaltung der Welt findet sich in Indien: 100 Millionen Besucher zelebrieren jährlich das hinduistisch Fest Kumbh Mela. Und auch die größte Familie weltweit lebt in Indien: Ein einziger Mann hat mit 39 Frauen 94 Kinder gezeugt – er lebt dort auf 37.000 Quadratmetern im größten Einfamilienhaus weltweit. Außerdem ist Indien, gemessen an der Einwohnerzahl, die größte Demokratie der Welt. Im Zentrum von Amritsar hat weltweit die erste vegetarische Filiale von McDonald's eröffnet. Im Goldenen Tempel derselben Stadt verköstigt man täglich etwa 80.000 Menschen kostenlos. Mit einem durchschnittlichen indischen Einkommen muss man rund sechs Stunden arbeiten, um sich einen Big Mac kaufen zu können. 70 Prozent aller Gewürze der Welt stammen aus Indien: darunter Bhut Jolokia, mit 1.001.304 Scoville eine der schärfsten Chilis der Welt – verzehren Ungeübte sie, kann sie das in Ohnmacht fallen lassen. Das Rauchen von 100 Zigaretten hat dieselbe Belastung wie einen Tag lang die Luft in Mumbai einzuatmen. Die Erderwärmung hat einen Konflikt zwischen Indien und Bangladesch beigelegt: Die zwei Länder stritten sich um eine Insel, die inzwischen im Meer versunken ist. Seit über 10.000 Jahren hat Indien außerdem kein Nachbarland angegriffen. In Delhi sorgt die nicht rostende Eiserne Säule für wissenschaftliche Fragen: Das Monument befindet sich dort gemäß Untersuchungen seit etwa 1.600 Jahren ohne Spuren von Rost. Im 5. Jahrhundert war in Indien bereits die Lichtgeschwindigkeit bekannt, allerdings hatte man sich um eine Minute verrechnet. Heute gibt es in Indien mehr Mobiltelefone als Toiletten. Und „Anal" ist eine Sprache, die von 23.000 Menschen in Indien und Myanmar aktiv verwendet wird.

Aus der indischen Küche ...

Die indische Küche, die fast fleischlos auskommt, ist für ihre kulinarischen Highlights bekannt. Wen wundert's, war doch Indien bereits im 16. Jahrhundert als Land der Gewürze bekannt und der Seeweg nach Indien und weiter nach Indonesien ging als Gewürzroute in die Geschichte ein.

Diese **Gewürze** wurden und werden in Indien angebaut:
Kardamom zum Würzen süßer und herzhafter Gerichte und unverzichtbar bei der Weihnachtsbäckerei, ebenso wie *Koriander*, dessen frisches Kraut auch in Suppen, Salaten und Fleischgerichten Verwendung findet;
Bockshornklee, der Chutneys ihr unvergleichliches Aroma verleiht;
Kurkuma, verantwortlich für die gelbe Verfärbung der Speisen;
Kreuzkümmel, das den Gerichten eine orientalische Note verleiht;
Chili, dessen Schärfe auch Hartgesottene an ihre Grenzen bringt;
des Weiteren *Fenchelsamen, Senfkörner, Pfeffer, Gewürznelken, Ingwer, Zitronengras, Sesam, Zimt*, auch Gewürzmischungen wie *Curry* und *Garam Masala* kommen aus Indien.

Gleich mehrere dieser Gewürze und Gewürzmischungen finden sich im **Biryani** wieder, einem traditionellen Hähnchengericht mit Reis. Ein weiteres klassisches indisches Gericht ist das **Tandoori Chicken**. Bei beiden Gerichten werden die Hähnchenstücke über Nacht in einer würzigen Marinade eingelegt, um das Fleisch schön zart zu machen.

Naan und **Chapati** sind traditionelle indische Brotsorten, die gerne zu den warmen Gerichten gereicht werden.

Naan

250 g Mehl
1 TL Trockenhefe
1 TL Salz
1 TL Zucker
100 ml warmes Wasser
½ Becher Naturjoghurt
2 EL Öl
2 EL Butterschmalz
Mehl für die Arbeitsfläche

Mehl, Trockenhefe mit Backpulver, Salz und Zucker in einer Schüssel mischen. Joghurt und Öl verrühren und unterrühren. Das warme Wasser zugießen. Mit den Knethaken des Handrührgerätes zu einem glatten Teig verkneten.

Den Teig abgedeckt mindestens drei Stunden gehen lassen, bis sich das Teigvolumen verdoppelt hat. Den Backofen und ein Backblech auf 260 Grad vorheizen.

Den Teig auf der leicht bemehlten Arbeitsfläche kräftig durchkneten und in sechs gleich große Portionen teilen. Nacheinander zu ovalen Fladen ausrollen (Länge ca. 20 cm). Drei Fladen auf einen Bogen Papier legen. Die Fladen auf dem Backpapier auf das heiße Blech ziehen und in der Mitte des Ofens 6 bis 8 Minuten goldbraun backen.

Das Butterschmalz zerlassen. Die Fladenbrote zum Abkühlen auf ein Gitter legen und sofort mit wenig Butterschmalz bepinseln. Die restlichen Fladen ebenso backen und bepinseln. Am besten ganz frisch servieren.

Zu jedem indischen Gericht gehört als Getränk **Lassi**, ein Joghurtgetränk in verschiedenen Geschmacksrichtungen. Es lässt sich leicht selbst herstellen und ist auch hierzulande ein erfrischender Sommerdrink.

Lassi
für 4 Gläser
300 g Mango
1 Becher Naturjoghurt, 3,5 %
120 ml Milch
2 EL Zitronensaft
3 TL Zucker

Mango schälen und in Stücke schneiden.
Alle Zutaten im Mixer fein pürieren, Zucker nach Geschmack.
Gut gekühlt servieren.

Indochina: Typisch vietnamesisch, laotisch und kambodschanisch

Vietnam
Fläche: 331.210 km²
Einwohner: 97.040.334
Einwohner pro km²: 293
Hauptstadt: Hanoi
Amtssprache: Vietnamesisch
Währung: Vietnamesischer Dong
Staatsform: Volksrepublik
Internetkennung: .vn
Autokennzeichen: VN

Laos
Fläche: 236.800 km²
Einwohner: 7.234.171
Einwohner pro km²: 30,5
Hauptstadt: Vientiane
Amtssprache: Lao
Währung: Laotischer Kip
Staatsform: Volksrepublik (seit 1975/91)
Internetkennung: .la
Autokennzeichen: LAO

Kambodscha
Fläche: 181.035 km²
Einwohner: 16.449.519
Einwohner pro km²: 90,9
Hauptstadt: Phnom Penh

Amtssprache: Khmer
Währung: Riel
Staatsform: Konstitutionelle Monarchie (seit 1993)
Internetkennung: .kh
Autokennzeichen: K

Warum nach Indochina reisen?

Die Vietnamesen pflanzen den Reis.
Die Kambodschaner ernten den Reis.
Und die Laoten hören den Reis wachsen.
(altes Sprichwort in Indochina)

Um das Beruhigende einer Indochina-Reise vorwegzunehmen:

- Das Reisen nach Indochina ist – einmal vom Straßenverkehr abgesehen – ungefährlich.
- Frauen können problemlos allein reisen.
- Die Menschen sind höflich und zuvorkommend.
- Das Leben ist preiswert, um nicht zu sagen billig. Der Reisende bekommt etwas für sein Geld.
- Abgesehen von sprachlichen Schwierigkeiten ist das Reisen heute relativ einfach und bequem möglich. Mit Verspätungen und Ausfällen bei Beförderungen muss man allerdings rechnen.
- Das Klima ist – ausgenommen vom Gebirge gegen China – meist angenehm mild. Allerdings sollte man die Regenzeit in den Monaten Juni bis September meiden und im Süden die heißeste Zeit im April, es sei denn, man gehe ans Meer.

Und um Sie mit dem Aufregenden zu locken:
- Leben und Kultur in Indochina sind so verschieden und vielfältig, dass es immer und überall selbst dann etwas zu entdecken gibt, wenn man nicht gerade ein ausgesprochener Captain Cook oder Marco Polo ist.
- Indochina befindet sich im Aufbruch. Ein Erwachen, das man miterlebt haben sollte, wie z. B. den Fall der Mauer in Deutschland.

Und weshalb zuerst nach Vietnam?
Von den drei Ländern, Vietnam, Kambodscha und Laos, die man der Region Indochina zuordnet, ist Vietnam das vielfältigste und das interessanteste zu bereisen. Während Laos gemütlich und noch etwas verschlafen wirkt, Kambodscha durch das Pol Pot-Regime an Kultur und gesellschaftlicher Tradition viel gelitten hat, ist Vietnam ein aufregendes Entwicklungsland voller Spannung zwischen Rückständigem und Neuem auf der Schwelle zur Moderne. Der Reisende trifft schon bei seiner Ankunft auf unglaubliche Gegensätze, die sich überall und während seines ganzen Aufenthaltes fortsetzen. Er begegnet Kulis, in Lumpen gekleidet, die ihre überladenen Schubkarren durch Hanoi und Saigon stoßen, und gleich daneben Bentleys und Mercedes AMG; Familien, die im Dschungel an einem Wasserfall Cityblaster-verstärkt Karaoke singen; Gänsen und Hühnern, die gackernd vor einer Bank die Kunden begrüßen; man durchstreift Streetfood-Quartiere, die in ihr Duftkaleidoskop einlullen; entdeckt feiernde Hochzeitsgesellschaften, die ihr offenes Zelt mitten auf einer belebten Strasse aufgestellt haben, Bier und Schnaps trinken und sich nicht um den überbordenden Verkehr, der sich hupend herumdrängt, kümmern.

Vietnam ist chaotisch und doch wieder diszipliniert. Früh am Morgen beginnt vor allem im Norden das Tagwerk, und mit den Hühnern gehen die meisten Vietnamesen in die Federn. Die Vietnamesen sind äußerst fleißig, schnell, beweglich und aktiv. Deshalb entwickelt sich dieses Land auch so rasant. Trotzdem genießen Sie, als Besucher, in den Städten ein buntes Nachtleben.

Als Reiseland bietet Vietnam viel für jeden Geschmack. Kulinarisch treten Sie in eine fremde lukullische Welt ein. In den Städten kann man mit studentischen Motorradreiseführern Gaumenkitzeltouren unternehmen und exotische Köstlichkeiten naschen. Überall werden auch Kochkurse für die vietnamesische Küche angeboten. Es finden sich unzählige Essmärkte, Gourmetstempel und selbst die Streetfood-Restaurants bieten hervorragende Essensgenüsse an. Fingerfood überall. Wer Bergtouren unternehmen möchte, besucht die Gegenden von Sapa mit seinen wunderbaren Reisterrassen und Dien Bien Phu, wo die Franzosen ihre entscheidende Schlacht verloren haben, und besteigt zum Beispiel den Phan Xi Pang. Sie finden viele wilde Naturparks, etwa den Park Ninh Binh, Gebiete mit riesigen, teils noch unerforschten Höhlen, Gegenden mit zuckerhutartigen Bergen, die an Rio erinnern, wie beispielsweise bei Chua Huong. Da ist die einzigartige Inselwelt um Ha Long und Cat Ba, die alte Kaiserstadt Hue mit der Zitadelle, die wunderschöne Lampionstadt Hoi An. Man entdeckt unzählige Tempelanlagen verstreut über das gesamte Land, die Inselwelt vor Nha Trang und den Garten Eden des Mekongdeltas mit den „floating markets". Wer genug Sehenswürdigkeiten besucht hat, der gönnt sich Ruhe auf den tropischen

Inseln mit weißen Stränden und einer wunderbaren Unterwasserwelt voller Korallen und Fischen in Phu Quoc und Con Dau. Für die geschichtlich Interessierten bieten sich die historischen Museen, die Kriegsmuseen sowie die Höhlen von Cu Chi an. Und, derjenige, der das Land tiefer kennenlernen will, trifft sich mit Einheimischen im Homestay in einem der Naturparks oder auf einer Insel im Mekongdelta, umgeben von Wasser und Fruchtbaumhainen, oder am Strand mit Fischern in Phu Quoc.

Der Tourist bewegt sich in Vietnam frei. Er wird kaum jemals von der Polizei kontrolliert, welche übriges so selten wie die Armee sichtbar in Erscheinung tritt. Er kann im Rahmen der Legalität tun und lassen, was er will. Die Vietnamesen sind frei im Umgang mit Touristen, man bekommt nie das Gefühl, dass ihnen ein Maulkorb umgehängt ist. Sie lachen viel und zeigen gerne Selbstironie. Sie sind offen in persönlichen Dingen, reden frei über Welt und Politik. Das Internet scheint nicht zensuriert zu sein. Wikipedia und die internationale Presse sind frei zugänglich. Die Haupteinschränkung in der Kommunikation liegt höchstens in den begrenzten Englischkenntnissen vieler Einheimischer.

Die meisten Vietnamesen denken traditionell. Familie und Sippe spielen eine wichtige Rolle in ihrem Leben. Diese haben noch einen höheren Stellenwert als ihr Beruf. Für fast alle stellen die Heirat sowie die Gründung einer Familie den eigentlichen Lebenssinn dar, wenn sich dies auch mehr und mehr ändert. Gebildete Frauen sträuben sich heute häufig dagegen, zu heiraten und ihre gesellschaftliche Position zulasten einer Familie aufzugeben.

Schwule und Lesben sind mittlerweile toleriert. In der Stadt haben sie kein Problem, sich zu outen, doch Mami und Papi dürfen oft nichts davon erfahren.

Vietnam ist auf dem Weg zum Tigerstaat. Die Entwicklung schreitet rasant voran. Die Wachstumsraten des Bruttosozialprodukts sind heute höher als in China und in der Türkei und verlässlicher als Letztere. Vor 25 Jahren, nach dem Vietnamkrieg, war die Bevölkerung noch sehr arm. Heute spürt jeder, dass seine Kaufkraft zunimmt und jeder glaubt (noch) an den Fortschritt, selbst die Zukurzgekommenen. Die Gesellschaft ist deshalb gegenüber der Regierung, einem Einparteiensystem, relativ unkritisch eingestellt, wenn auch Missstände, wie Korruption, teils öffentlich, teils auch von der Regierung selbst kritisiert und bekämpft und Antikorruptionsgesetze erlassen werden.

Vietnam befindet sich im Aufbruch, noch ist viel Traditionelles erkennbar. Besuchen Sie dieses Land, solange seine Ursprünglichkeit noch einigermassen gewahrt ist.

Warum nach Laos und Kambodscha?

Wenn Sie nach diesen Erlebnissen entschleunigen wollen, bietet sich, wie schon das eingangs erwähnte Sprichwort sagt, Laos und dort insbesondere die alte Königsstadt Luang Prabang als Ort der Gemütlichkeit an, wo das Leben so gemächlich dahinzieht wie der Mekong und sein Nebenfluss, welche die Stadt umschlingen. Haben Sie noch nicht genug an vietnamesischen Stränden gechillt, so fahren Sie mit dem Motorradtaxi oder dem Schiff vom Mekongdelta über die Grenze nach Kambodscha und besuchen die Strände von Cheb und Kampot oder die Insel Koh Rong bei Sihanoukville.

Eine Perle, die Sie gesehen haben müssen, ist Angkor Wat, mit dem Flugzeug von Saigon in knapp einer Stunde erreichbar. Genießen Sie zur Krönung Ihrer Indochinareise den Sonnenaufgang über den Dschungeltempeln, der größten Tempelanlage der Welt. Viel Spaß und Vergnügen!

(Jürg Kugler)

Gewusst?

In Vietnam gibt es ungefähr 1,6 Millionen Autos, aber das Motorrad ist das beliebteste Transportmittel: Geschätzte 45 Millionen rasen durch das Land. Laos hingegen ist das im Verhältnis zur Einwohnerzahl am stärksten bombardierte Land der Welt: Im Laufe von neun Jahren in den 1960er- und 70er-Jahren warfen die US-Streitkräfte bei 580.000 Einsätzen insgesamt 270 Millionen Streubomben über Laos ab, 30 Prozent davon waren Blindgänger. Die Flagge von Kambodscha ist die einzige weltweit, die ein Gebäude abbildet: natürlich Angkor Wat.

Aus der Küche Indochinas ...

Pho ist das Nationalgericht der vietnamesischen Küche, eine kräftige Brühe, deren wohlriechende Dämpfe durch die vielen Garküchen des Landes bereits morgens in den Straßen und Gassen zu riechen sind. Pho Bo ist Rinderbrühe und Pho Ga Hühnerbrühe mit Bandnudeln, Zwiebeln, Lauchringen und allerlei Gewürzen.

Pho Suppe isst man in Vietnam vorzugsweise frühmorgens und am besten ganz heiß. Zur Schale mit der Suppe erhält man einen Teller mit Kräutern, die man beim Essen laufend der Suppe beigibt, damit sie schön knackig und würzig bleiben. Besonders an feuchtkühlen Wintermorgen in Hanoi, im Norden Vietnams, spendet die Pho den Bauern und Arbeitern Wärme. Aber auch im Sommer, so sagt die alte vietnamesische Tradition, ist die heiße Pho sehr gut gegen die Hitze, besser als ein eisgekühltes Getränk.

Hanoi Pho Bo (Rindfleischsuppe) für 4 Personen

1,5 kg Rindfleisch und Knochen zum langen Kochen der Pho-Brühe
1 große Zwiebel
1 Stück Ingwer (daumengroß)
2 Sternanis und 1 Zimtstange
300 g Rinderfilet
500 g Reisbandnudeln
1 Bund Lauchzwiebeln
pro Portion ca. 4 Stängel Vietnam-Basilikum, Minze und Koriander
Sojasprossen
1 Chilischote

Nuoc Mam (Fischsauce nach Bauchgefühl)
1–2 Limetten je nach Geschmack
Phu Quoc Pfeffer und Salz
Die Gewürze und Nudeln erhält man in Asia-Läden.
Zubereitung:
Zunächst die Brühe zubereiten. Gesäuberte Knochen und Rindfleisch in genügend großem Topf möglichst lange kochen, je länger, desto besser. Schaum oben abschöpfen. Zwiebeln schälen und halbieren. Ingwer in Scheiben schneiden und in einer Pfanne ohne Öl braun rösten und alles in die Brühe geben.

Sternanis und Zimtstange eine Stunde mitkochen und Brühe mit Salz und Pfeffer würzen.

Nach 3 bis 4 Stunden Fleisch, Knochen und Gemüse aus der Brühe nehmen, Suppenfleisch lösen und beiseitestellen.

Brühe abschmecken, evtl. mit Nuoc Mam und Salz würzen und weiter köcheln lassen.

Rindfleisch in feine Streifen schneiden und beiseitestellen. Reisbandnudeln, je nach Geschmack, mehr oder weniger als 10 Minuten in Salzwasser kochen, danach abtropfen lassen.

Abgewaschene und abgetropfte Minze, Koriander und Basilikum klein hacken, Lauchzwiebeln zerkleinern und Chilischote in kleine Ringe schneiden. Limette und Sojasprossen waschen und Limette in Scheiben schneiden.

Servieren der **Hanoi Pho**:
Reisbandnudeln, Suppenfleisch und Sojasprossen werden in eine große Schüssel gegeben und mit der Suppe übergossen, dann werden die Rindfleischstücke hinzugefügt und während des Essens die Kräuter und Lauchzwiebeln sowie die Limetten. So bleiben die Rindfleischtranchen schön rosa und die Kräuter knackig und würzig. Auch darf nach Bedarf nachgewürzt werden. – Viel Spaß beim Essen oder „Chuc ngon mieng", auf Vietnamesisch.

(Alessandra Bulut Meier)

Typisch vietnamesisch

Vietnam
Fläche: 331.210 km²
Einwohner: 97.040.334
Einwohner pro km²: 293
Hauptstadt: Hanoi
Amtssprache: Vietnamesisch
Währung: Vietnamesischer Dong
Staatsform: Volksrepublik
Internetkennung: .vn
Autokennzeichen: VN

Was ist typisch vietnamesisch?

Sind Sie den Warteschlangen bei der Visakontrolle im Flughafen von Saigon entkommen, werden Sie zunächst überwältigt sein vom Gewusel des Straßenverkehrs:
- Auf der richtungsgetrennten Einfallsstraße kommen Ihnen so viele Geisterfahrer entgegen, dass Sie sich fragen, ob nicht Sie der Geisterfahrer sind.
- Kreisel werden im Gegenuhrzeigersinn, manchmal aber auch im Uhrzeigersinn befahren, was immer direkter zum Ziel führt.
- Überqueren Sie eine Einbahnstraße, schauen Sie besser nach rechts und links, damit Sie nicht von einem Falschfahrer überfahren werden.
- Hupen ersetzt den Rückspiegel des Vordermannes beim Überholen. Es wird nicht gebremst, sondern gehupt. Die Vorfahrt wird mit Hupen erzwungen. Die Hupe ist nach dem Motor das Wichtigste am Fahrzeug.

Doch Vietnamesen zeigen einander nie den Vogel oder den Stinkefinger. Das ist verpönt. Sie sind nicht nur im Straßenverkehr auch großzügig und nicht belehrend.

Transportiert wird auf Motorrädern mehr als bei uns in Autos oder Lieferwagen. Vier Personen auf einem Roller, Papa, Mama und zwei Kinder, eine Traube von Waren, sodass man das Gefährt nicht mehr sieht und der Fahrer kaum die Fahrbahn erkennt, sind nicht unüblich. Auf dem Land werden immer noch lebendige Tiere auf Rollern ihrem Endziel, dem Metzger, entgegengebracht, Dutzende Hühner, wie Blumensträuße zusammengebunden, Schweine auf Gepäckträgern, ja sogar Rinder.

Der Vietnamese ist höflich und zurückhaltend, was ihn aber nicht davon abhält, Sie nach der Kontaktnahme als Erstes zu fragen: Wie alt sind Sie? Sind Sie verheiratet? Haben Sie Kinder, und wie viele? – Denn Letzteres ist das Wichtigste in seinem Leben. Auf Ihre Rückfrage sagt er nicht: „Nein, ich habe keine Kinder", sondern, „noch nicht". Selbst eine 90-jährige ledige Frau antwortet: „Noch nicht."

Die Frage nach dem Alter ist wichtig, um festzustellen, ob man älter oder jünger ist als sein Gegenüber, sodass man die korrekte Anrede – „älterer Bruder" oder „jüngerer Bruder", „Großmutter" oder „Tochter" – auswählt. Es ist nämlich unhöflich, „ich" und „du" zu verwenden. Man sagt z. B. auch unter Fremden bei entsprechendem Altersunterschied: „Großmutter ist mit Enkelin nicht einverstanden" und nicht „ich bin mit dir nicht einverstanden".

Vietnamesen sind lichtscheu und verstecken sich vor der Sonne, damit sie nicht braun, oder, wie sie sagen, schwarz werden. Während sich Kaukasier am Strand ausziehen und nur minimale Textilschnipsel zeigen, verhüllen sich vor allem die Frauen mit Integralhüten, Mundschutz, Sonnenbrille, Schal, Handschuhen bis zu den Achselhöhlen, Flipflopsocken bis zu den Knien und gehen im Vollwichs erst bei oder nach Sonnenuntergang baden. Denn Weiß-Sein ist schön. Gleiches gilt im Straßenverkehr. Nur setzen sie sich dort noch einen Motorradhelm und einen Wegwerfmundschutz auf, freilich ohne jenen festzuzurren. Mit dieser Aufmachung betreten Vietnamesen sogar ihre Hausbank, ohne von der Security aufgehalten zu werden.

In diesem Land ist der siebte Tag kein Ruhetag. Auch am Sonntag laufen die Betonmischer auf Hochtouren. Bestenfalls Dienstleistungsbetriebe bleiben geschlossen. Auf dem Lande sind Feiertage stets nur dann angesagt, wenn es stark regnet. Deshalb liebt die Landbevölkerung den Regen. Ansonsten wird gearbeitet, außer am vietnamesischen Neujahr, Tet genannt.

Der Nationalsport ist Karaoke-Singen. Der Vietnamese hört sich selbst aber nur bei Dezibelstärken von über 100. Dabei kommt es auf die Tonsicherheit nicht so genau an, was bei Ihnen permanent Hühnerhaut auslösen wird. Sie werden aufgefordert werden, Ihren Jekami-Konzertbeitrag zu leisten. Dafür wird Ihnen sicher „Happy New Year" von Abba oder „Yellow Submarine" von den Beatles eingespielt und sonst singen Sie halt „Kreuzberger Nächte sind lang" oder „In München steht ein Hofbräuhaus" a cappella. Ein frenetischer Applaus wird Ihnen sicher sein.

Essen ist in Vietnam äußerst wichtig. Die Bevölkerung hat immer Hunger. Damit der Magen besser gefüllt werden kann, trinkt man erst nach dem Essen. Der Vietnamese kann fast beleidigt reagieren, wenn man ihm vor dem Essen einen Drink anbietet. Unternimmt man mit ihm einen Ausflug, sollte man alle vier Stunden ein üppiges Mal einplanen, damit er nicht verhungert. Die Essens- und Trinkgewohnheiten sind etwas anders. So trinkt man am Tisch nicht allein, sondern prostet sich immer gegenseitig zu. Das Bier wird mit Eis getrunken, Trauben werden geschält und die Kerne ausgespuckt, Brot in süße Kondensmilch getaucht, Mangos grün mit Fischsoße gegessen und der süße Orangensaft gehörig gezuckert. Da das Fleisch in der Küche mit der Schere mundgerecht zerstückelt und der Fisch am Tisch mit den Chop-Sticks zerkleinert wird, gehören Messer meist nicht zum Besteck. Man isst den Reis aus der Schale und gibt Fleisch oder Fisch und Gemüse häppchenweise obendrauf. Meist reicht man das schönste Stück während des Essens in die Schale der Tischältesten oder eines geschätzten Nachbarn.

Vietnamesen sind begnadete Bastler und Meister der Improvisation. Während Sie die Arbeit vorbereiten und zuerst die Werkzeuge und Utensilien im Baumarkt einkaufen, beginnt der Vietnamese gleich mit der Bastelei und sucht sich während der Arbeit zusammen, was er gerade braucht. Muss er beispielsweise eine neue Lampe an der Decke anbringen, so montiert er an die zu kurze Sprossenleiter noch einige Sprossen an, steigt hinauf, merkt, dass das Kabel zu kurz ist. Lässt sich ein Kabelzwischenstück geben, das er mit einem Messer, das unter dem Gurt steckt, abisoliert und mit den beiden Kabelenden verzwirnt. Dann klemmt ihm sein Assistent eine Nylontüte zwischen die Zehen des heruntergestreckten Fußes, den er akrobatisch hochhebt, die Tüte behändigt, sie zwischen und um die Drähte zwirnt, sein Feuerzeug herausholt und die Tüte auf die nackten Drähte vulkanisiert. Und fertig ist die Installation.

Oder reicht ein Schlauch nicht für die Bewässerung eines großen Grundstückes, so werden Versatzstücke auch unterschiedlicher Diameter zusammengesteckt und mit Streifen von Fahrradschläuchen befestigt. Wird dann Wasser nicht am Schlauchende, sondern nur auf halbem Weg gebraucht, so werden die Versatzstücke am richtigen Ort auseinandergezogen und schon ist das Wasser da, wo man es braucht.

Der Vietnamese kann überall und jederzeit herrlich schlafen: in der Hängematte unterm Baum, auf zwei Stühlen oder zu dritt quer im Bett. Der Cyclo-Fahrer schläft mit dem Oberkörper auf dem Fahrgastsitz, mit dem Hintern auf seinem Sattel und mit den Füssen auf der Lenkstange, der Taxifahrer sitzend im Taxi. Auch der Straßenrand bietet reichlich Schlafgelegenheit. Ohrenbetäubender Lärm in unmittelbarer Nachbarschaft stört ihn nicht.

Das Spielen um Geld ist zwar verboten, jedoch das zweitbeliebteste Hobby der Vietnamesen. Oft werden ganze Vermögen verspielt. Das drittbeliebteste ist für Frauen das Schauen traditionell vietnamesischer Soap-Operas und der Männer das Verfolgen der Fußballspiele der Premier League. Deshalb kennen sie Ballack besser als Maier.

Vietnam entwickelt sich schnell und das Wachstum zeigt sich am besten darin, dass vor 25 Jahren die meisten Menschen zu Fuß gingen, vor 20 Jahren mit dem chinesischen Fahrrad, vor zehn Jahren mit dem Motorroller und jetzt immer mehr mit dem Auto. Wer die nächste Stufe erreicht hat, kehrt nicht mehr zurück. Deshalb begreifen Vietnamesen nicht, wenn Kaukasier in Vietnam mit dem Fahrrad unterwegs sind und sie fragen: „Weshalb kommen Europäer hierher, wenn sie kein Geld haben, ein Motorrad zu kaufen?"
Aber kaufen Sie kein Fahrrad in Vietnam, es wird Sie nicht weit tragen!

(Jürg Kugler)

Gewusst?

Die konische Form der berühmten vietnamesischen Hüte schützt vor von Palmen fallenden Kokosnüssen: Fallen diese auf einen solchen Hut, können sie den Träger zwar trotzdem verletzen, aber ohne diesen Schutz könnte er sterben. Dongs, die Landeswährung, bestehen nicht aus Papier, sondern aus Kunststoff – dadurch lassen sich die Scheine nicht zerreißen oder verschmutzen. Vietnam mag zwar ein recht armes Land sein, aber es hat einen Alphabetisierungsgrad von 97,3 Prozent (Stand: 2016, 15- bis 50-Jährige). Außerdem hat es unter allen Entwicklungsländern eine der niedrigsten Arbeitslosenraten. Zwei von fünf Vietnamesen sind jünger als 15 Jahre. 40 Prozent der Vietnamesen heißen Nguyen mit Nachnamen – übersetzt bedeutet das „schöner Wohlstand", historisch geht das zurück auf die Nguyen-Dynastie von 1802 bis 1945: In dieser Periode musste die gesamte Bevölkerung diesen Namen als Nachnamen annehmen. Die vietnamesische Sprache verfügt über sechs verschiedene Tonlagen – eine Veränderung ändert die Bedeutung des Wortes, daher ist Vietnamesisch keine einfach zu erlernende Sprache. Soweit bisher erforscht, gilt Vietnam als das einzige Land der Welt, in dessen Mythologie ein Küchenkönig vertreten ist: Er heißt Ong Tao. Und tatsächlich isst man in Vietnam Katzen und Hunde – übrigens kauft man sogar Straßenhunde von anderen asiatischen Ländern, wie Thailand, um diese zu verzehren. In Vietnam wohnen die dünnsten Menschen der Welt: Nur zwei Prozent der Vietnamesen sind fettleibig. Außerdem befindet sich in Vietnam die größte Höhle weltweit: Son Doong im Nationalpark Phong Nha

Ke Bang ist mehr als 250 Meter hoch, 150 Meter breit und fünf Kilometer lang – ein einheimischer Bauer entdeckte diese zufällig, als er vor der Flut flüchtete; 15 Jahre verschwieg er allerdings seine Entdeckung, man munkelt, er hätte hier große Perlen abgebaut und es daher nicht eilig gehabt, seinen Fund mit anderen zu teilen. Zudem ist Vietnam der größte Exporteur von Cashewnüssen der Welt: mit einem Anteil von 25 Prozent – 2017 wurden beispielsweise 353.000 Tonnen davon exportiert. Nach Brasilien ist Vietnam, trotz vergleichsweise geringer Anbaufläche, der zweitgrößte Kaffeeproduzent weltweit. Und alle, die in Vietnam einen Hamster verkaufen oder besitzen, müssen mit einer Strafe von 1.900 US-Dollar rechnen – das ist das Doppelte des jährlichen Durchschnitteinkommens.

Typisch irisch

Irland

Fläche: 70.273 km²
Einwohner: 5.058.050
Einwohner pro km²: 72,1
Hauptstadt: Dublin
Amtssprache: Irisch (Gälisch) (5 %), Englisch (95 %)
Staatsform: Parlamentarische Republik (seit 1937)
Währung: Euro
Internetkennung: .ie
Autokennzeichen: IRL

Was ist typisch irisch?

Eines zum Thema „**typisch irisch**" gleich vorweg, entgegen aller Klischees sind nämlich lediglich neun Prozent der Iren rothaarig – in Deutschland sind es vergleichsweise aber zwei Prozent, mehr Menschen mit roter Haartracht als in Irland gibt es jedoch in Schottland. Typische Iren haben dunkle Haare, mit vielen Locken. Was auch nicht jeder weiß: Halloween ist ein ursprünglich keltischer, nicht amerikanischer Brauch. Außerdem ist Irland das einzige Land, das bislang insgesamt sieben Mal und damit am häufigsten den Eurovision Song Contest gewonnen hat. Und auch sonst hat der kleine Inselstaat so allerhand Eigenheiten zu bieten. So lockt die grüne Insel mit ihren gut 5 Millionen Einwohnern immer mehr Urlauber an und dazu trägt insbesondere folgender Umstand bei, der typisch irisch ist:

Die irische (Gast-)Freundlichkeit und Offenheit: Die Iren gelten als ein offenes und freundliches Volk und die meisten Menschen sind tatsächlich äußerst nett und hilfsbereit. Selbst wenn man ihnen zum Beispiel im Weg steht oder versehentlich einen Einheimischen anrempelt, sind es die Betroffenen, die sich dafür entschuldigen, obwohl sie offensichtlich keine Schuld daran tragen. Auch fragen die Iren immer, wie es einem geht, und sind jederzeit zu Small Talk bereit.

Die irische Sprache: Der Inselstaat ist mit seinen 70.273 km² zwar ein eher kleines Land, in dem es sogar mehr Schafe als Menschen gibt, aber eine eigene Landessprache existiert dennoch: Gälisch. Egal ob Bus oder Haltestelle – sämtliche Informationen sind auf Englisch und Gälisch zu lesen, ebenso auf den Verkehrsschildern. Und selbst in die EU-Reisepässe hat es diese eigenartig klingende Sprache mit keltischem Ursprung geschafft. In erster Linie im Westen des Landes trifft man auf Menschen, die die Nationalsprache auch tatsächlich sprechen, dort wird sogar der Schulunterricht mancherorts auf Gälisch und nicht auf Englisch abgehalten. In Dublin hingegen findet man eher selten jemanden, der die besondere Nationalsprache gut beherrscht. Insgesamt sprechen aber nur 1,8 Prozent der Bevölkerung täglich Gälisch.

Das Wetter in Irland: Auch das irische Wetter verhält sich klischeegerecht: häufiger Regenfall und nicht sehr zuverlässig. Morgens von Sonnenstrahlen geweckt zu werden, um 30 Minuten später mit Regenschirm und Jacke das Haus verlassen zu müssen, steht an der Tagesordnung. Ungewöhnlich ist es auch nicht, wenn eine halbe Stunde später die Sonne wiederum angenehm warm vom Himmel strahlt. Deshalb gilt: Eine Regenjacke sollte niemals in der Tasche fehlen – etwas schwieriger gestaltet sich aber schon die Frage nach den passenden Schuhen.

Feen und Kobolde: Ohne ihre Kobolde können sich die Iren ein Leben wohl nicht vorstellen. Neben diversen Sagen und Geschichten gibt es für Interessierte in Dublin gleich ein ganzes Kobold-Museum. Den gleichen Stellenwert nehmen außerdem Feen ein: Gewisse Bäume würde man niemals fällen, da in ihnen der Sage nach Feen leben und es Unglück bringen soll, würde man ihr Zuhause zerstören.

Straßenverkehr: Hier ist der Linksverkehr zu erwähnen, der wie in England auch auf der grünen Insel gilt. Außerdem wartet beinahe kein Fußgänger, bis die Ampel wieder grün leuchtet. Sobald sich die Gelegenheit ergibt, die Straße zwischen den Pkws zu überqueren, wird diese auch genutzt. Für manche eine Herausforderung können auch die vielen Kreisverkehre sein: Dabei wird so geblinkt, als würde man an einer Kreuzung stehen – das heißt, man blinkt gar nicht, möchte man den Kreisverkehr nur überqueren und gegenüber wieder verlassen. Wer allerdings die nächste Ausfahrt rechts nimmt, blinkt bei der Einfahrt in den Kreisverkehr rechts, Linksabbieger betätigen bereits beim Einfahren den linken Blinker. Das heißt: Bevor andere Autos in den Kreisverkehr einfahren, muss man diese bereits im Blick haben. Klingt kompliziert? Es lässt sich trotzdem gut bewältigen, insgesamt sind die Iren in der Regel nämlich entspannte Autofahrer.

Die Rushhour in Dublin: Gegen acht Uhr in der Früh startet die Rushhour in der irischen Hauptstadt, wobei sich der Verkehr in der Innenstadt in erster Linie auf Autos und Busse beschränkt. Dann dauert der Weg in die Stadt anstelle der üblichen halben Stunde gerne mindestens 45 Minuten. In der Früh verspäten sich dabei aber die Busse nicht, anders verhält es sich am späten Nachmittag: Ein Bus taucht dann gelegentlich mit einer halben Stunde Verspätung an der Haltestelle auf oder ist bereits so voll, dass nur noch fünf weitere Menschen einsteigen dürfen – so werden aus 30 Minuten Heimweg schnell eineinhalb Stunden.

Essen aus dem großen Topf: Ein typisch irisches Gericht ist der Guinness Pie – in diesem sind zwei der Hauptnahrungsmittel enthalten, nämlich Rindfleisch und Guinness-Bier. Außerdem wichtig: Es wird in einer Auflaufform zubereitet. Das Äquivalent dazu mit Lammfleisch ist das Irish Stew aus Fleisch mit viel Gemüse. Im Ofen gebacken und von einem Blätterteig bedeckt ist der köstliche Shepards mit einer deftigen Füllung aus Rinderhack und Erbsen. Neben dem notwendigen großen Kochtopf haben diese drei Gerichte noch etwas gemeinsam: Danach ist ein Verdauungsspaziergang ratsam. Übrigens landen in Irland nicht nur Lamm- und Rindfleisch oft am Teller, sondern auch Meeresfrüchte – schließlich ist man, egal an welchem Ort im kleinen Irland, stets nur maximal zwei, drei Stunden Autofahrt von der Küste entfernt.

Die große Pub-Dichte in Dublin: In der irischen Hauptstadt gibt es ein Pub pro 100 Einwohner. Und jährlich konsumieren die Iren pro Kopf etwa 130 Liter Bier. Das typisch irische Bier ist das Guinness: dunkel und sehr süßlich. Bemerkenswert ist außerdem, dass seine Bläschen nicht aufsteigen, sondern – dank seiner besonderen Form – im Guinness-Glas absinken: In der Glasmitte steigen die Bläschen zwar nach oben, an den Wänden sinkt die Flüssigkeit aber aufgrund der Strömung nach unten ab. Guinness wird übrigens meist nicht zum Essen genossen, sondern in erster Linie im Pub. Ebenso beliebt ist das etwas hellere Kilkenny. Apropos Alkohol: Typisch irisch ist auch der Whiskey – das Wort stammt vom gälischen „Uisce Beatha": Wasser des Lebens. Die älteste schriftliche Erwähnung des Whiskeys stammt aus den irischen Annalen von Clonmacnoise, aus dem Jahre 1405. Damit schlägt der irische Whiskey den schottischen Scotch wenigstens in Bezug auf das Alter. Es gibt aber noch mehr als das „e", welches den irischen Whiskey vom schottischen Whisky unterscheidet: In Irland wird bei der Destillation teilweise eine Mischung aus gemälzter (seit mehreren Tagen eingeweichte Gerste, die zu sprießen beginnt) und ungemälzter Gerste verwendet, in Schottland setzt man ausschließlich auf gemälzte Gerste.

Der typische Ire: Der typische Ire soll generell gelassen sein – so kann es durchaus sein, dass ein Handwerker zwei Stunden später als vereinbart erscheint. Wer gelassen ist, hat mehr Zeit für Geselligkeit: Gerne sitzen die Iren gemütlich zusammen, bevorzugt im Pub, oder nutzen jede Gelegenheit, um miteinander zu musizieren. Die Familie, Freunde und Nachbarn sind sehr wichtig. In ländlichen Regionen ist es tagsüber außerdem durchaus üblich, die Haustüre offen oder angelehnt zu lassen, wenn die Bewohner zu Hause sind. Schließlich würde es sonst nahezu pausenlos an der Tür klingeln: Vor allem an den Wochenenden herrscht in vielen Haushalten bzw. Großfamilien nämlich ein ständiges Kommen und Gehen. Gemeinhin gilt der Ire als guter Geschichtenerzähler – daran mag wohl etwas dran sein: Schließlich kann das kleine Land am Rande Europas in puncto Weltliteratur gut mithalten.

Ein literarisches Land: Seit 2010 ist Dublin als UNESCO-Literaturstadt anerkannt, bislang bekamen bereits vier irische Autoren den Literaturnobelpreis: William Butler Yeats (1923, George Bernard Shaw (1925), Samuel Beckett (1969) und Seamus Heaney (1995). Der wohl bekannteste Schriftsteller des Landes ist James Joyce, dessen Meisterwerk „Ulysses" an einem einen einzigen Tag, am 16. Juni 1904, in Dublin spielt.

Irische Musik: Weltweit bekannt ist außerdem Irish Folk, die typisch irischen Klänge kann man überall im Land hören, etwa in Irish Pubs. Auch im Bereich der populären Musik hat das kleine Irland erstaunliche Talente zu bieten: zum Beispiel U2, Sinéad O'Connor, die mittlerweile verstorbene Sängerin von The Cranberries, Dolores O'Riordan, Van Morrison, Enya, Thin Lizzy oder Boyzone. Anfang der Neunzigerjahre hat Irland außerdem in vier von fünf Jahren den Eurovision Song Contest gewonnen. Seit Beginn des Contests 1956 ging Irland sogar sieben Mal als Sieger hervor – damit rangiert es auf Platz eins in der ewigen Rangliste der Show. Der erfolgreichste Act dabei ist übrigens Riverdance aus dem Jahr 1994.

Der St. Patrick's Day: Jahr für Jahr am 17. März steht Irland Kopf: Nun bekommen fast alle heimatliche Gefühle. Daher suchen sie sich möglichst viele grüne Kleidungsstücke aus dem Schrank – das tun natürlich alle Iren weltweit: Gefeiert wird dieser Tag nämlich zu Ehren des irischen Bischofs und Schutzpatron Patrick; dieser lebte im 5. Jahrhundert und gilt dem katholischen Glauben nach als Heiliger – und soll ein grünes Kleeblatt dazu verwendet haben, die christliche Heilige Dreifaltigkeit zu erklären. Der St. Patrick's Day wird mittlerweile auch außerhalb des Landes mit Straßenumzügen oder Festivals gefeiert, dafür sorgen vor allem ausgewanderte Iren. Anlässlich dieses Tages wird in Chicago übrigens jedes Jahr der Chicago River mit pflanzlichen Farbstoffen grün gefärbt.

(Elisabeth Pfurtscheller)

Gewusst?

Bis in die 1920er-Jahre war es in Teltown nahe von Meath besonders einfach möglich, am Tag der St. Bridgids am 1. Februar zu heiraten: Dazu mussten zwei Menschen lediglich aufeinander zulaufen – und schon war die Ehe gesetzlich anerkannt. Genauso einfach war eine Scheidung im Jahr darauf am selben Tag möglich: Dazu mussten sie nur am selben Punkt wieder auseinander gehen. Irland ist außerdem das einzige Land der Welt, das ein Musikinstrument als Nationalsymbol hat: Eine Harfe prangt auf dem irischen Wappen. Viele irische Nachnamen beginnen mit „Mac" oder „O'...", was in Gälisch „Sohn von" und „Enkelsohn von" bedeutet. Und das Weiße Haus in Washington D.C. hat ein Architekt aus Irland entworfen: Er gewann diesbezüglich 1792 eine Ausschreibung. Heute gibt es in Irland mehr Handys als Menschen. Dublin hat im europäischen Vergleich die jüngsten Einwohner: 50 Prozent der hier Lebenden sind jünger als 25 Jahre. Hingegen leben in Irland keine Schlangen – der Legende nach soll der irische Nationalheilige St. Patrick einst alle Schlangen von der Insel verjagt haben; es liegt aber vermutlich eher am Klima, dass Schlangen nur im Zoo zu finden sind: In der Eiszeit war Irland nämlich von einer Eisschicht überzogen, später konnten Schlangen die entstandene Insel nicht mehr erreichen. Auch Maulwürfe gibt es in Irland keine. Dafür regiert in Killorgin einmal pro Jahr ein Ziegenbock: Ein solcher wird während des Festivals Puck Fair vom 10. bis 12. August zum „King Puck" der Kleinstadt gekrönt und auf eine Plattform gehoben – währenddessen wird ausgelassen getanzt, gefeiert und getrunken. Apropos Alkohol: Im Ranking des durchschnittlichen Bierkonsum pro Person weltweit belegt Irland den sechsten Platz. Allerdings wird in Nigeria mehr Guinness verkauft als in Irland, die höchsten Verkaufszahlen erzielt es in Großbritannien. In Dublin werden täglich 10 Millionen Pints Guinness produziert. Und der St. Patrick's Day fällt zwar in die Fastenzeit, doch den Katholiken in Irland ist an diesem Tag das Fastenbrechen ausdrücklich gestattet. Happy Hours sind in Irland übrigens verboten.

Aus der irischen Küche …

Kartoffeln waren schon im 19. Jahrhundert das Hauptnahrungsmittel vor allem der ärmeren irischen Bevölkerung. Missernten durch Kartoffelfäule in zwei aufeinanderfolgenden Jahren führten zu einer großen Hungersnot mit einer Million Toten und einer bis dahin unvorstellbaren Auswanderungswelle.

In der irischen Küche spielen die Kartoffeln nach wie vor eine große Rolle, egal ob gekocht, gebraten, frittiert oder gratiniert.

Colcannon, ein Kartoffelstampf mit Wirsing- oder Weißkohl, ist vor allem zu Halloween ein beliebtes Hauptgericht.

Beim **Champ** sind die Kartoffeln feiner püriert und mit Lauchzwiebeln vermischt.

Coddle, ein Eintopf aus Kartoffeln, Wurst und Speck, nach Belieben mit Möhren und Kräutern verfeinert, hat mittlerweile dem **Irish Stew** seinen Rang als Nationalgericht abgelaufen, da dieses schon ab etwa 1800 eher als Arme-Leute-Essen galt.

Irish Stew

750 g Lammfleisch
1 kg Möhren
2 mittelgroße Pastinaken
3 Zwiebel
3 Knoblauchzehen
Gemüsebrühe
1 TL Thymian
Salz
Pfeffer

Die Möhren in nicht zu dünne Scheiben, die Pastinaken in kleine Würfel und die Zwiebeln in grobe Würfel schneiden und den Knoblauch fein hacken. In einen Topf geben und mit Gemüsebrühe aufgießen. Thymian und das Lammfleisch hineingeben. Deckel auf den Topf und ca. 90 Minuten köcheln lassen. Ab und zu umrühren. Mit Pfeffer und Salz abschmecken. Dazu schmecken Pellkartoffeln.

Typisch israelisch

Israel
Fläche: 20.770 km²
Einwohner: 8.424.904
Einwohner pro km²: 405,6
Hauptstadt: Jerusalem (umstritten)
Amtssprache: Hebräisch, Arabisch
Währung: Neuer Schekel
Staatsform: Parlamentarische Republik (seit 1948)
Internetkennung: .il
Autokennzeichen: IL

Was ist typisch israelisch?

Ich stehe mit meinem Mietwagen in Israel an einer Ampel, die eindeutig Rot zeigt. Aber hinter mir geht ein Hupkonzert los. Habe ich etwas falsch gemacht? Ich bin schließlich zum ersten Mal in diesem Land. Die Erklärung lieferte mir später ein israelischer Freund. In Israel, so sagte er, ist der Schall eben schneller als das Licht. Überhaupt sagen israelische Witze mehr über dieses Land, als der beste Beobachter es kann: Wenn drei Israelis zusammenstehen, so heißt es zum Beispiel, kann man vier verschiedene Meinungen hören.

Vielleicht ist dies ja ein Ausdruck der jüdischen Streitkultur, von der schon die hebräische Bibel berichtet, da haben die Juden sogar mit Gott gestritten. Im Judentum gibt es keinen Papst, der bestimmt, wo es langgeht.

Berühmt sind die überlieferten Streitgespräche der mittelalterlichen Rabbiner, die die Bibeltexte auslegten, und auch heute noch konkurrieren die Ansichten der verschiedenen Schulen des Judentums.

Ein weiteres Merkmal eines echten Israeli, außer seiner Lust an Diskussionen, ist seine Improvisationsgabe. In der jüdischen Altstadt von Jerusalem soll es, so hat man mir erzählt, sogar ein Amt geben, wo Lösungen für Unlösbares gefunden werden: Lösungen, die es frommen Juden erlauben, trotz der vielen Tätigkeiten, die am Schabbat verboten sind, auch am Schabbat Notwendiges zu tun, ohne die Gesetze der Halacha zu verletzen. Etwa, wenn es darum geht, eine selbsttätige Melkmaschine zu entwerfen und zu bauen, die am Schabbat, wo jegliche Arbeit verboten ist, die Kühe melkt. Oder einen Schabbatfahrstuhl einzurichten, der am Schabbat in jedem Stockwerk eines vielgeschossigen Hauses oder Hotels hält, ohne dass ein Knopf gedrückt werden muss, was ja auch am Schabbat verboten ist. Säkulare Kibbuzniks, die Schweine halten wollen, aber dennoch das Gebot befolgen wollen, keine unreinen Tiere auf dem Boden von Eretz Israel zu halten, bauen einen Holzboden auf Stelzen, auf dem die Schweine leben, essen und Mist machen können, ohne dass das Gebot verletzt wird, das erzählte mir ein jüdischer Freund, der eine Weile in diesem Kibbuz gelebt hat. Vielleicht ist wegen dieses Improvisationstalents Israel ein Land mit sehr vielen, sehr erfolgreichen Start-ups.

Nicht nur ihr Einfallsreichtum zeichnet die Israelis aus, auch ihre Neugier, die ja ebenso ein Zeichen für Intelligenz sein kann. Bei einem Tankstopp im ländlichen Norden des Landes brachte mich der ältere Tankwart dazu, ihm in den paar Minuten, die das Auffüllen des Tanks und das Bezahlen dauerte, zu erzählen, woher ich komme, ob ich zum ersten Mal in Israel bin, wie mir das Land gefalle, welchen Beruf ich habe, ob ich verheiratet bin und ob ich Kinder habe. Dass ich kinderlos bin, bedauerte er sehr, in Israel ist die Familie das Wichtigste und Kinder gehören unbedingt dazu. Das sieht man auch an den vielen schläfenlockigen ultraorthodoxen Vätern, die in Jerusalem den Kinderwagen mit dem Jüngsten schieben, während die Mama vermutlich zu Hause das Essen vorbereitet. In ultraorthodoxen Familien sind 10, 12 Kinder keine Seltenheit, wie auch in den muslimischen Familien in Israel. Es wird deshalb angenommen, dass in ein, zwei Generationen die Ultraorthodoxen und die Moslems, die jetzt schon 25 Prozent der israelischen Bevölkerung ausmachen, in Israel die Mehrheit bilden werden. Aber in Israel kann sich alles auch ganz anders entwickeln – kaum ein Land bietet so viele Überraschungen wie Israel.

Um zu verstehen, dass die Familie in Israel, auch die der Liberalen und Säkularen, sehr wichtig ist, muss man aber keine Statistiken studieren. Es genügt, in den Supermarkt zu gehen und zu sehen, welche Unmengen an Essbarem sich da in den Einkaufswagen türmen. Essen ist nun mal die Lieblingsbeschäftigung der Israelis, vor allem an Schabbat, seien sie nun orthodox, liberal oder säkular. Zum Schabbatessen am Freitagabend wird die ganze Familie eingeladen, da kommt schon was zusammen, auch nichtjüdische Gäste sind herzlich willkommen.

Ein Wunder, dass die Israelis in der Regel nicht so dick sind wie etwa viele Amerikaner. Vor allem die jungen Israelis sind meist schlank und aufgrund des Völkergemischs ausgesprochen gutaussehend. Neben den schwarzhaarigen, dunkeläugigen Israelis gibt es auch Blonde mit blauen Augen und viele Rothaarige, immerhin hatte ja auch König David rote Haare! Vielleicht liegt es auch daran, dass die jungen Israelis meist schlank sind, weil sie sich sehr gerne und oft bewegen: Wanderungen gehören in Israel unbedingt zum Freizeitvergnügen, die Wanderwege in ganz Israel sind hervorragend beschildert, und es gibt den großartigen Israel-Trail, einen Wanderweg, der von der libanesischen Grenze im Norden des Landes bis zur ägyptischen Grenze im Süden führt. Ganz sicher spielt es auch eine Rolle, dass alle jungen Israelis, Männer und Frauen, ihren Wehrdienst ableisten müssen, und da wird eben viel marschiert ...

Für den Touristen aus Europa ist es vielleicht etwas gewöhnungsbedürftig, überall im Land junge Frauen und junge Männer in Uniform zu sehen, viele mit einer Maschinenpistole. Die jungen Soldatinnen und Soldaten, die so entspannt daherkommen, im Café ein Eis lecken oder einen Kaffee schlürfen, müssten kämpfen, wenn es ernst würde. Denn das Land ist seit seiner Gründung 1948 von Feinden umgeben, es gibt keine Familie, die nicht in einem der vielen Kriege, mit denen das Land überzogen wurde, einen Sohn oder eine Tochter, den Vater oder einen Onkel verloren hätte. Und doch sprüht das Land vor Lebenslust, die Israelis lassen sich nicht unterkriegen, Symbol dafür ist für mein Empfinden der nahtlose Übergang vom Gedenktag für die Gefallenen zum Freudenfest des Unabhängigkeitstages.

Natürlich wird an diesem Festtag auch gesungen und getanzt. Die Israelis, Junge und Alte, tanzen, so oft es geht: Bei religiösen Feiern und Hochzeiten tanzen zwar Männer und Frauen getrennt, bei weltlichen Geburtstagen oder Hochzeiten oft auch gemeinsam. So auch am Schabbat auf der Strandpromenade in Tel Aviv. Jeder kann sich einreihen, auch die touristischen Gojim, die Nichtjuden, die Schritte des Volkstanzes sind leicht zu lernen und wem die Puste ausgeht, der kann sich genauso leicht – und ohne jemanden zu verärgern – auch wieder aus dem Reigentanz lösen.

Wer keine Lust hat zu tanzen, kann am kilometerlangen Strand von Tel Aviv joggen oder sonnenbaden, windsurfen oder das typische laut klackende Ballspiel spielen, wo statt mit Tennisschlägern der Ball mit hölzernen Brettern gekloppt wird. Das Klack-Klack gehört zur Geräuschkulisse an israelischen Stränden. Es soll Touristen geben, die sich von diesem unablässigen Geklacke in ihrem Hotelzimmer ernsthaft gestört fühlen, trotz des wundervollen Blicks auf das Meer zu ihren Füßen.

Doch dass Israel nicht gerade leise ist, das sollte man schon wissen, bevor man sich auf das großartige Abenteuer Israel einlässt. Belohnt wird man auf jeden Fall mit nahezu allgegenwärtiger menschlicher Wärme, Herzlichkeit und Hilfsbereitschaft. Bevor Sie mich wegen Fehlinformationen verklagen: Natürlich gibt es in Israel, wie in jedem anderen Land, auch Miesepeter und Ekelpakete. Doch glücklicherweise sind sie dort in der Minderheit. Die meisten Israelis sind fröhliche, lebensbejahende Menschen, trotz allem – trotz der Bedrohung von außen, trotz der ungerechten Beurteilung des Landes durch die UNO. Während die Verfolgung von Homosexuellen, die Steinigung von Ehebecherinnen, die Missachtung der Rechte von Frauen in anderen Ländern, vor allem in den muslimischen, von der UNO mit Stillschweigen hingenommen werden, klagt sie Israel immer wieder wegen der verschiedensten aus der Luft gegriffenen „Menschenrechtsverletzungen" an.

Doch nicht nur die UNO, deren Mitgliedsstaaten mehrheitlich muslimisch sind, ist zunehmend israelfeindlich gesonnen. In Europa gewinnt die BDS-Bewegung (Boykott, Desinvestitionen und Sanktionen), die israelische Produkte, Wissenschaftler und Künstler boykottiert, zunehmend an Einfluss. Häufig hört und liest man Verurteilungen Israels, die als „berechtigte Israelkritik" verkauft werden, aber sehr oft ohne jegliche Fachkenntnis oder eigene Anschauungen daherkommen. Und neueste Statistiken besagen, dass in Deutschland ein Viertel der Bevölkerung latent antisemitisch ist, egal, welches Mäntelchen für diesen Judenhass gerade en vogue ist. Mal sind die Juden zu reich, mal zu arm, mal zu faul und mal zu fleißig, mal zu assimiliert, mal zu geheimbündlerisch – so stellen es drei norwegische Historiker dar in ihrem 2019 erschienenen Buch „Judenhass. Die Geschichte des Antisemitismus von der Antike bis zur Gegenwart".

Und immer noch, seit nun fast 2.000 Jahren, sind viele Christen davon überzeugt, dass Jesus „von den Juden" ermordet wurde. Sie akzeptieren nicht, dass Jesus selbst Jude war, und Maria, die von den Christen verehrte Mutter Gottes, eine fromme Jüdin.

Also, was ist typisch israelisch in diesem Land, in dem neben dem Judentum in vielen unterschiedlichen Formen auch so viele verschiedene Religionen und Gruppen ihren gleichberechtigten Platz haben und zum Teil im Parlament vertreten sind? Moslems, Christen, Bahai, Drusen, Alewiten und Bevölkerungsgruppen wie Beduinen, Tscherkessen und Armenier. Vielleicht ist gerade diese Vielgestaltigkeit, das multikulturelle Zusammenleben dasjenige, was Israel ausmacht, ja, und ganz gewiss auch die Freude am Essen! Man kann in den vielen Restaurants und Imbissbuden jiddisch essen, also zum Beispiel „Gefilte Fisch" oder Tscholent, aber auch spanisch, griechisch, türkisch, marokkanisch, äthiopisch, jemenitisch, drusisch, oder ein typisch israelisches Gemisch aus alledem, dabei darf Salat aus kleingewürfelten Gurken und Tomaten auf keinen Fall fehlen. Und natürlich Falafel. Wobei heftig gestritten wird, ob Falafel überhaupt israelisch oder nicht doch arabisch ist und vor allem, wo, in welchem Imbiss, in welcher Stadt das beste Falafel zubereitet wird.

Eines aber steht für alle Israelis fest:
In Jerusalem wird gebetet, in Haifa gearbeitet und in Tel Aviv gelebt und gefeiert!

(Gretel Rieber)

Gewusst?

In 2011 entschied sich ein israelisches Elternpaar dazu, seine neugeborene Tochter „Like" zu nennen – nach dem allseits bekannten Facebook-Button. Der auf israelischen Briefmarken verwendete Kleber ist koscher. Außerdem haben israelische Forscher entschieden, dass auch Giraffenmilch koscher ist. Israel hat den höchsten Anteil weltweit, was die Nutzung von Sonnenenergie zur Erwärmung von Wasser betrifft: 93 Prozent aller Häuser setzen hier auf die Sonne. Zudem hat das Land die höchste Zahl an Museen pro Kopf weltweit, mehr Orchester pro Kopf als jeder andere Staat weltweit, die zweithöchste Rate an neuen Büchern pro Kopf und die Stadt Be'er Scheva hat die höchste Zahl an Schachgroßmeistern pro Kopf weltweit. Kühe in Israel produzieren mehr Milch pro Kuh als in fast jedem anderen Land weltweit, der einzige Konkurrent ist Südkorea. Menschen, die den Schabbat halten, können eine Autoversicherung abschließen, die Samstag nicht abdeckt – daher ist sie günstig. Israel ist weltweit das einzige Land, das denselben Namen hat, sich im selben Land befindet und dieselbe Sprache spricht wie vor 3.000 Jahren. Es ist auch das einzige Land weltweit mit einer Wehrpflicht für Frauen. Das winzige Israel, das man von Ost nach West in zwei Stunden (10 Kilometer) und von Nord nach Süd in neun Tagen (ca. 470 Kilometer) zu Fuß durchqueren kann, liefert fünf Prozent der Blumen der Welt. Es belegt den ersten Platz weltweit in Bezug auf das Überleben von Krebspatienten. Und es hat die meisten künstlichen Befruchtungen pro Kopf weltweit – und zwar kostenlos. Israel ist außerdem das einzige

Land, in dem Starbucks scheitern musste, weil die meisten ihren Kaffee am liebsten in israelischen Cafés trinken. Laut einer Klausel in unzähligen Mietverträgen zu Wohnungen in Jerusalem wird der Mietvertrag bei Ankunft des Messias unwirksam und die Mieter müssen sich eine neue Bleibe suchen.

Aus der israelischen Küche ...

Das Wichtigste in der israelischen Küche ist, dass die Speisen koscher sind. Das heißt: kein Schweinefleisch, Fleisch von Kühen, Schafen und Ziegen nur, wenn diese auf rituelle Art geschlachtet wurden. Fische nur, wenn sie Schuppen und Flossen haben. Milch- und Fleischprodukte dürfen sich nie berühren, weder auf dem Tisch noch im Kühlschrank oder im Magen. In den Läden muss alles durch ein Koscher-Siegel gekennzeichnet sein.

Viele israelische Gerichte sind nicht nur in Israel bekannt, sondern sind quasi „grenzenlos" im gesamten Nahen Osten verbreitet.

Vermutlich waren es Juden aus Nordafrika, die das im ganzen Land besonders zum Frühstück beliebte **Shakshuka** ins Land gebracht haben. Hierbei handelt es sich um Pfannengericht aus Paprika, Tomaten, Schafskäse und Zwiebeln mit pochierten Eiern.

Falafel sind in Fett gebackene Bällchen aus Kichererbsen, außen knusprig, innen weich, die mit Salat und einer Soße gegessen werden, z. B. Sesamsoße.

Hummus kennt man im ganzen Nahen Osten und ist mittlerweile auch fester Bestandteil deutscher Supermärkte. Hummus lässt sich aber auch ganz leicht selber zubereiten.

Hummus

1 große Dose Kichererbsen
150 g Sesampaste (Tahin)
½ Zitronen, ausgepresst
2 Knoblauchzehen, gepresst
½ gehäuften TL Salz
½ TL Kreuzkümmel
1 Tasse kaltes Wasser

Olivenöl, Knoblauch und Salz im Mixer verrühren.
Die Kichererbsen abgießen und 50 ml Flüssigkeit auffangen.
Zitronensaft, den Knoblauch und das Salz im Mixer verrühren.
Die Sesampaste dazugeben und auf höchster Stufe gut durchmixen, das kalte Wasser und das Kichererbsenwasser dazugießen und weiter mixen, bis eine cremige Masse entstanden ist.
Zuletzt die Kichererbsen und den Kreuzkümmel hinzufügen und alles weitere 3 Minuten mixen.

Den Hummus in eine Schale füllen und etwas Olivenöl darüber träufeln. Nach Belieben garnieren.

Auch die Sesampaste (Tahin) lässt sich aus 250 g geröstetem Sesam und 3 Esslöffeln Traubenkernöl auch leicht selber zubereiten. Beides zusammen im Mixer verrühren bis zur gewünschten Cremigkeit.

Typisch italienisch

Italien
Fläche: 301.340 km²
Einwohner: 62.246.674
Einwohner pro km²: 206,6
Hauptstadt: Rom
Amtssprache: Italienisch
Staatsform: Parlamentarische Republik (seit 1948)
Währung: Euro
Internetkennung: .it
Autokennzeichen: I

Was ist typisch italienisch?

„Ein Land, in dem es im Schatten mehr Sonnenschein gibt als in England unter wolkenlosem Himmel."
(Unbekannt)

Italien ist berühmt für *kulinarische Spezialitäten* wie Pizza, Spaghetti, Cappuccino, Eis, Wein und Käse. Wer an Italien denkt, dem fallen außerdem spontan Begriffe wie Rom, Papst, Vatikanstaat, Petersdom, Fiat, Vespa, Ferrari, Venedig, Michelangelo, das Kolosseum, Pompeji, Vesuv und Ätna ein.

Vor allen Dingen verbindet man mit Italien **Rom**, *„die ewige Stadt"*. Der Beiname rührt daher, dass Rom in der Antike viele Jahre die Hauptstadt des „Römischen Reiches" war. Und bis heute beherbergt es viele weltberühmte Sehenswürdigkeiten wie das Kolosseum, die **Spanische Treppe**, den Trevi-Brunnen und das Forum Romanum. Außerdem ist die Metropole Weltrekordhalter als Stadt mit den meisten Fahrstühlen.

Die Gedanken an *italienisches Essen* assoziieren die meisten unwillkürlich mit **Pizza**. Dabei handelt es sich um ein würzig belegtes Fladenbrot, das vor dem Backen mit allerlei Zutaten belegt wird. Erfunden wurde sie vermutlich in Neapel. In Italien ist sie praktisch in jedem Restaurant auf der Speisekarte zu finden.

Spaghetti fehlen ebenfalls auf keiner italienischen Speisekarte, wobei sie im Gegensatz zu Deutschland keine Hauptspeise sind, sondern Teil eines mehrgängigen Menüs. Erfunden wurden die Spaghetti allerdings nicht in Italien, sondern in China, was 4.000 Jahre alte Nudelfunde beweisen.

Den besten **Cappuccino** der Welt genießt man in Italien. Er besteht zu etwa gleichen Teilen aus *Espresso*, *heißer Milch* und *heißem Milchschaum*. Die Italiener nehmen ihn fast ausschließlich zum Frühstück ein. Der Name Cappuccino leitet sich von den Kapuzinermönchen ab, deren Kuttenfarbe in etwa dem Braunton eines Cappuccinos entsprach. Ein anderes typisch italienisch Getränk: Chianti bzw. Wein im Allgemeinen. Hier belegt das Land in puncto Konsum pro Kopf und Jahr mit 22,4 Litern den dritten Platz weltweit (Stand: 2018): Chianti, Amarone, Barolo, Valpolicella, Montepulciano und Co. munden eben hervorragend.

Auch **Automarken** wie *Fiat* und *Ferrari* haben ihren Firmensitz in Italien. Letztere ist durch Sportwagen berühmt geworden: *Enzo Ferrari*, ein ehemaliger Rennfahrer, gründete das Unternehmen 1947. Heute gehört es zu 90 Prozent dem Fiat-Konzern. Das Autofahren an sich verläuft in Italien übrigens tendenziell chaotisch: Der typische Italiener ist – zumindest im Straßenverkehr – nämlich eher egoistisch. Ob jemand anderer Vorfahrt hat, interessiert ihn nicht. Genauso egal ist es ihm, dass ein anderer den Parkplatz zuerst entdeckt hat. Und auf Fußgänger und rote Ampeln wird generell wenig Rücksicht genommen.

Aus Italien nicht wegzudenken ist außerdem die **Vespa**: Wo man auch hinkommt, die Straßen sind voll mit diesen Motorrollern. Die erste Vespa kam 1946 auf den Markt, sie war als einfaches, sparsames Fortbewegungsmittel konzipiert. Aufgrund ihres zeitlosen Designs ist die Vespa heute noch genauso so beliebt wie früher.

Genauso typisch italienisch ist der **Piaggio Ape**: In vielen anderen Ländern der Welt würde dieses Gefährt wohl belächelt werden. In Italien sind aber viele Dorfstraßen noch immer sehr schmal, ein Ape ist daher im Alltag sehr praktikabel und nach wie vor bei den Italienern sehr beliebt.

La Mamma: Sie ist das Zentrum der Familie. Über ihre Kinder wacht sie wie eine Löwin, genauso sorgsam hütet sie alle Familienrezepte. Bekanntermaßen fällt es italienischen Männern schwer, nach der Hochzeit die Mutter zu verlassen. Wohl auch deshalb leben beinahe 40 Prozent der Italiener auch nach der Eheschließung maximal einen Kilometer von ihrer Mamma entfernt. Und mehr als 60 Prozent der Italiener unter 35 Jahren wohnen noch bei ihren Eltern.

Bella Figura: Der typische Italiener will und muss stets gut aussehen – wohl auch deshalb, weil Männer anderenfalls nicht dem Klischee des Italo-Players standhalten könnten. Doch auch die Damen wählen im fortgeschritteneren Altern besonders sorgfältig ihre Garderobe aus, bevor sie einen Schritt vor die Tür setzen. Italiener sind eben stilbewusst. Daher trägt ein typischer Italiener im Sommer auch keine kurzen Hosen, und typisch italienische Urlauber sichtet man nirgends auf der Welt im Outdoor-Outfit. Ein Faible für Mode ist wohl auch typisch italienisch: Schließlich stammen unzählige Haute Couture-Marken aus dem Land: etwa Gucci, Prada, Versace, Moschino oder Guess.

Sportmoderatorinnen: In Italien sind es vornehmlich hübsche Frauen, die durch Sportsendungen führen – das wirkt sich natürlich auf die männliche Zuschauerzahl aus. Da drängt sich natürlich die Frage auf: Geht es dem typisch italienischen Mann um den Sport oder die Moderatorin – oder doch um diese einzigartige Kombination.

Zwei Mini-Staaten im Land: Italien ist die Heimat zweier Mini-Staaten: Der Vatikan im Zentrum von Rom hat um die 450 Einwohner. Etwas größer ist San Marino. Beide Staaten sind unabhängig und trotzdem typisch italienisch. Im *Vatikanstaat*, dem kleinsten allgemein anerkannten Staat der Welt und Wohnsitz des Papstes liegen außerdem der Petersdom, eines der größten Kirchengebäude der Welt, sowie die Sixtinische Kapelle, in der Fresken des berühmten italienischen Malers und Bildhauers *Michelangelo* zu sehen sind.

Religion und Glaube: Es kommt nicht von ungefähr, dass in der Mitte des Landes der Mittelpunkt der katholischen Kirche liegt – die Italiener haben einen äußerst starken Glauben. So gibt es geradezu Popstars unter den katholischen Heiligen: Padre Pio wird für seine Stigmata derart verehrt, dass seine Gefolgschaft selbst an den Händen blutet. Seit 2002 wurde dieser heiliggesprochen und seither intensiv kommerzialisiert. Daran wiederum stößt sich lediglich der Vatikan.

Ferragosto: Am 15. August hat ganz Italien frei – dann feiern die Katholiken und folglich die typischen Italiener Maria Himmelfahrt. Außerdem gilt dieser Tag als heißester Tag im Jahr und er markiert den Wendepunkt des Sommers. Es ist auch die Zeit, in der sich Millionen Italiener aus dem Norden Richtung Süden begeben, um sich einige Wochen zu erholen.

Dolce Vita: Das leichte, süße Leben bezieht sich auf die typisch italienische Lebensart: Dazu gehört das quirlige Treiben auf den Straßen, die melodische Sprache und ausladende Gesten. Trifft man sich abends auf der „Piazza", dem zentralen Ortsplatz, stehen ausgiebige, temperamentvolle Unterhaltungen am Programm.

Die Mafia: Schon der Vollständigkeit halber ist das beim Thema typisch italienisch zu erwähnen, auch wenn es auch viel mit Vorurteilen zu tun hat. Und doch ist etwas dran. Sizilien wird jedenfalls von der Cosa Nostra beherrscht, die Ndrangheta stammt aus Kalabrien und die Camorra aus Napoli – Italien ist auch populär für Mafiosi und die Mafia auch zum Export-Schlager avanciert. Al Capone hieß übrigens in Wirklichkeit Alfonso. Die New Yorker Unterwelt teilen sich übrigens fünf Familien mit italienischen Namen: Lucchese, Genovese, Bonanno, Gambino und Colombo.

Oper: Fast alle bekannten Opern sind auf Italienisch – manche mögen zwar von Mozart stammen, doch Guiseppe Verdi ist der berühmteste Opernautor. Und die Scala, das bekannteste Opernhaus der Welt, hat ihren Sitz in Mailand. Auch der Opernstar schlechthin, Luciano, Pavarotti, war ein Italiener.

(Redaktion reisebuch.de)

Gewusst?

Als McDonald's 1986 in Rom eine Filiale eröffnete, verteilten Demonstranten kostenlose Pasta, um gegen das amerikanische Fastfood vorzugehen. Apropos Amerika: New York City liegt etwas südlicher als Rom. In der italienischen Hauptstadt ist Singen und Tanzen in Gruppen von mehr als drei Personen nicht gestattet: Geldbußen von mehr als 500 Euro sind möglich! Da die Römer Katzen so sehr lieben, gelten sie als biokulturelles Kapital: Jeder, der eine Katze tötet, kann bis zu 10.000 Euro Strafe zahlen oder bis zu drei Jahren Gefängnis verurteilt werden – eine kommunale Verordnung schützt die „colonie feline" (Katzenvölker). Rom hat mehr Brunnen als jede andere Stadt weltweit: nämlich gut 2.000, einige sind sogar Trinkwasserbrunnen. Die Spanische Treppe in Rom ist übrigens gar nicht spanisch: Ein italienischer Architekt entwarf sie, finanziert wurde sie durch den Nachlass eines französischen Diplomaten – benannt ist sie nach dem Platz und dessen Name lässt sich auf die spanische Botschaft beim Heiligen Stuhl zurückführen. In ganz Italien werden jährlich 14 Milliarden Espressi konsumiert – die Einheimischen verbrauchen jährlich mehr als 3,7 Kilogramm Kaffee pro Kopf. Das italienische Alphabet umfasst nur 21 Buchstaben – J, K, W, X und Y kommen nämlich lediglich in Fremdwörtern vor. Italien verzeichnet dafür mehr Erdbeben als jeder andere europäische Staat – der Grund: die vulkanische Aktivität. Und Pizza zählt zu jenen wenigen Wörtern, die man weltweit fast überall versteht. Insgesamt soll es in Italien mehr als 600 unterschiedliche Pastasorten geben und den kürzesten Fluss weltweit: Der Fluss Aril fließt in Malcesine – in der Provinz Verona – und ist nur 175 Meter lang, auf seinem kurzen Weg zum Gardasee überqueren ihn drei Brücken, außerdem hat er einen Wasserfall, seinen Ursprung hat er in einem kleinen See. Paparazzi bedeutet übrigens „kleine Mücken" – dieses Kunstwort ergibt sich aus „pappataci" (Mücke) und „ragazzo" (kleiner Junge). Wer Papst werden möchte, muss kein Priester sein: Jeder unverheiratete männliche Katholik über 35 kann gewählt werden, muss dann jedoch Priester werden. Global verzeichnet der Vatikan übrigens die höchste Kriminalitätsrate auf der Welt – das gilt aber nur statistisch und durch die niedrige Einwohnerzahl: Hier leben rund 600 Staatsbürger und jährlich gibt es mehr als 400 Delikte, viele davon sind Taschendiebstähle. Jährlich kommen im Vatikan fünf Babys zur Welt, der Nachwuchs kommt oft von Gardisten.

Aus der italienischen Küche …

Kaum ein anderes Land hat seinen Einfluss auf die deutsche Küche so stark ausgeübt wie Italien. Pizza und Pasta in schier unerschöpflichen Varianten sind von Restaurant-Speisekarten und heimischen Herden nicht mehr wegzudenken.

Pasta/Nudeln sind eine Wissenschaft für sich. Es gibt sie in unendlich vielen verschiedenen Formen und Sorten: Maccheroni, Spaghetti, Tagliatelle, Pappardelle, Fusilli, Gnocchi, Penne, Farfalle, Rigatoni, Lasagne, Ravioli, Canelloni, Fettuccine, Linguine, Tortellini, um nur einige zu nennen. An der Endung -elle erkennt man breitere Nudeln, -oni sind Röhrennudeln und -ini bezeichnet eine Verkleinerung: Spaghettini sind kleiner als Spaghetti.

Die Pizza, ein belegter Teigfladen, der im Ofen gebacken wird, hat sich aus einem Arme-Leute-Essen weiterentwickelt. Brot wurde mit Kräutern schmackhafter gemacht, mit Tomaten wurde es saftiger. Heute sind der Fantasie beim Belegen keine Grenzen gesetzt. Käse ist dabei unverzichtbar.

Eine süße Köstlichkeit ist Tiramisu, das es seit seiner „Erfindung" vor etwa 80 Jahren zum Nationalgericht gebracht hat.

Tiramisu

500 g Mascarpone
100 g Puderzucker
200 g Löffelbiskuits
4 Eigelb
2 Eiweiß
3 Tassen kalter Kaffee
2–3 EL Amaretto
Kakaopulver zum Bestreuen

Eigelb und Puderzucker weiß-schaumig schlagen. Amaretto unterrühren. Mit dem Schneebesen oder einem Kochlöffel Mascarpone vorsichtig unterrühren. Das Eiweiß zu steifem Schnee schlagen und unterheben. Boden der Auflaufform mit Löffelbiskuit auslegen und mit kaltem Kaffee vollsaugen lassen. Darauf eine Lage Mascarponemasse und eine weitere Schicht Löffelbiskuits, diese wieder mit Kaffee tränken, dann wieder Creme. Über Nacht kühl stellen und vor dem Verzehr mit Kakaopulver bestreuen.

Typisch mexikanisch

Mexiko
Fläche: 1.972.550 km²
Einwohner: 124.574.795 (Schätzung, CIA Juli 2017)
Einwohner pro km²: 63
Hauptstadt: Mexiko City
Amtssprache: Spanisch und ca. 62 indigene Nationalsprachen
Währung: Mexikanischer Peso
Staatsform: Bundesrepublik
Internetkennung: .mx
Autokennzeichen: MEX

Was ist typisch mexikanisch?

Dass ich nicht länger in Mexiko City bin, das ist mir wieder einmal so richtig bewusst geworden, als ich im vergangenen Januar am Münchner Goetheplatz wegen 30 Sekunden Trödeln meine U-Bahn versäumt hatte und erst nach einer relativ genauen Wartezeit von 9 Minuten und 30 Sekunden meine Weiterfahrt antreten konnte.

In Mexiko, das etwa sechs Mal so groß ist wie Deutschland, dabei aber nur etwa eineinhalb Mal so viele Einwohner hat, nimmt man es mit der Pünktlichkeit nämlich nicht ganz so genau, wie wir das aus vielen Staaten in Mitteleuropa kennen. Und auch sonst scheint man in diesem Lande die Dinge, die wirklich genau ausdefiniert und vorausgeplant sind, an ein bis zwei Händen abzählen zu können.

Unternehmen wir einen kleinen Ausflug an den Golf von Mexiko, um uns anhand der Hafenstadt Veracruz anzuschauen, wie sich diese Ungenauigkeit bereits in die Gründung der ersten europäischen Siedlung in Mexiko hineingeschlichen hat. Wenn man dort an der berühmten Festung San Juan de Ulúa steht und auf das dunkelblaue Meer blickt, kann man es schon fast vor sich sehen, wie Hernán Cortéz vor über 500 Jahren über den Atlantik gekommen und an einem Karfreitag im April 1519 hier die erste spanische Siedlung mit Namen „Villa Rica de Vera Cruz" gegründet hat.

Wer es dann aber so richtig genau wissen möchte, wo, wann, wie und überhaupt, der kann relativ zügig herausfinden, dass er sich streng genommen überhaupt nicht im originalen Veracruz aufhält, weil diese Siedlung nämlich in Wirklichkeit über 100 km vom heutigen Veracruz entfernt gegründet worden ist. Man musste sie aber damals aufgrund der Belastungen durch die heftigen Nordwinde recht bald wieder verlegen und gründete am Standort des heutigen La Antigua im Jahre 1525 ein neues, zweites Veracruz. Erst 1585 wurde die bereits erwähnte Festung San Juan dann zu einem Haupthafen ausgebaut und rund um dieses Bauwerk entstand schließlich das insgesamt dritte und bis heute zumindest letzte Veracruz in Mexiko, wo wir jetzt also den Ausblick genießen.

Hätten die Mexikaner Ende des 19. Jahrhunderts auf die Engländer gehört, die damals in Veracruz die Konstruktion eines Schienennetzes nach europäischem Vorbild in Planung hatten, könnten wir jetzt wahrscheinlich mit der U-Bahn zum örtlichen Bahnhof fahren und dann eine

Reise mit der Eisenbahn nach Mexiko City unternehmen. Allerdings haben sich hier letztlich die US-Amerikaner mit ihrem Verkehrskonzept durchgesetzt, das seinen Schwerpunkt bekanntlich relativ bald auf Asphaltstraßen und Automobile legte. Deswegen gibt es heute auch nur noch eine einzige mexikanische Bahnstrecke, die von Personenzügen befahren wird.

Wir steigen daher also in einen der vielen Busse ein, die tagtäglich durch dieses Riesenland fahren. Und wenn wir einmal aus dem Fenster schauen, wundern wir uns wahrscheinlich bald, warum wir laut Info auf den Autobahnschildern anscheinend auf dem Weg ins 400 km weit entfernte „México" unterwegs sind. Denn immerhin liegen alle drei Veracruces (zumindest heute) auf mexikanischem Staatsgebiet, ganz egal, wo man jetzt eingestiegen wäre. Wenn wir dann nachfragen, werden wir erfahren, dass wir uns sehr wohl auf dem richtigen Weg befinden und es die hierzulande übliche Abkürzung „México" (für „Ciudád de México") anscheinend sogar ins zuständige Straßenverkehrsamt geschafft hat, wo man so immerhin zwei Wörter weniger pro Schild schreiben muss. Und es scheint sich auch niemand hier an dieser Vermischung von Staats- und Städtenamen sonderlich zu stören.

Wenn ich mit meiner Freundin, die aus Mexico City stammt, durch das Land reise, ist eigentlich jeder Taxifahrer, Rezeptionist oder sonstig neugieriger Mensch mit der Antwort „aus Mexiko" voll und ganz zufrieden, wenn es darum geht, „wo genau" in Mexiko wir denn jetzt herkommen würden. Trotzdem dachte ich mir anfangs noch, dass ich das mit meinem Anfängerspanisch doch sicher viel besser und genauer erklären könnte, indem ich ab jetzt einfach nur noch „Estado de México" sage, wenn mich jemand nach meinem Hauptwohnsitz fragt. Das ließ ich dann allerdings recht schnell wieder sein, denn dieser Ausdruck („Mexikanischer Staat") ist wiederum die Bezeichnung für einen mexikanischen Bundesstaat, der Mexiko City beinahe vollkommen umschließt.

Die korrekteste Bezeichnung wäre hier aber sicher „Estados Unidos Mexicanos" – doch wann auch immer ich mit dieser Bezeichnung angefangen habe, waren dann wieder meine mexikanischen Gesprächspartner verwirrt: Denn „Estados Unidos" sagt man in Mexiko eigentlich nur zu den Vereinigten Staaten von Amerika und ein dermaßen langes Wort wie „Estados Unidos Mexicanos" hört man hier eigentlich höchstens, wenn der Präsident etwas im Fernsehen zu sagen hat. Irgendwann habe ich dann bemerkt, dass es eigentlich genügt, die mexikanische Bundesrepublik ganz simpel als „el país" zu bezeichnen. Warum hier jetzt aber ausgerechnet jeder bei dem neutralen „der Staat" genau zu wissen scheint, dass ich gerade von Mexiko spreche, entzieht sich nach wie vor meiner Kenntnis.

In Mexiko muss man für den Erhalt des Führerscheins übrigens nicht unbedingt eine Fahrschule absolvieren, sondern man kann ihn sich einfach in einem der öffentlichen Verkehrsämter ausstellen lassen, wenn man rund 40 Euro dabei hat und die Frage „Können Sie Autofahren?" mit Ja beantwortet. Wird schon passen. Auch muss man weder hier noch bei allen anderen Amtsgängen seine berühmte „Meldebestätigung" dabeihaben. Es reicht schon, wenn man die Existenz seiner Wohnadresse mit einer Kopie der Stromrechnung quasi beweisen kann, die dann eben nicht älter als drei Monate alt sein darf. Auf wen diese letzten Endes ausgestellt ist, ist im Grunde aber eigentlich auch egal.

Ob es mit einer Taxifahrerlizenz ähnlich unkompliziert abläuft, das weiß ich nicht genau. Dafür würde jedenfalls sprechen, dass man zumindest in der Ciudad de México (CDMX) in 9 von 10 Fällen stets einen Taxler erwischt, der keine Ahnung hat, wo sich das gewünschte Reiseziel befindet, wenn es sich nicht gerade um den „Zócalo" handelt.

Das mit dem Zocalo ist übrigens ein hervorragendes Beispiel dafür, wie pragmatisch das mexikanische Spanisch oft gestaltet ist. 1843 begann man nämlich in CDMX mit den Bauarbeiten für ein Denkmal am Platz der Unabhängigkeit, ist dann allerdings nicht viel weitergekommen als bis zum Fundament aus Marmor, das dann letztendlich um 1920 herum wieder abgetragen wurde. Weil man sich aber in dieser Zeit so sehr an diesen „Sockel" auf dem Hauptplatz gewöhnt hatte, ist „Zocalo" ein bis heute nicht nur in Mexiko City gültiger Ausdruck für „Stadtzentrum". So nennt man etwa auch die U-Bahnstation an diesem Platz, die eigentlich der Form halber „Plaza de la Constitución" heißen müsste (und schreibt es auch so an), aber auch in jedem noch so kleinen Dorf außerhalb dieser großen Stadt weiß jeder Einheimische sofort Bescheid, wenn man ins Dorfzentrum möchte und ihn nach dem Weg zum „örtlichen Zocalo" fragt.

Sollte man sich aber nicht gerade auf dem Weg ins Stadtzentrum befinden, kann in Mexico City eine Fahrt zum gewünschten Ziel per Taxi recht schwierig werden, wenn man sich selbst nicht wirklich auskennt. Das U-Bahnnetz ist für eine dermaßen große Stadt hingegen recht übersichtlich ausgefallen, weil man wohl irgendwann beschlossen hat, dass sich ein Ausbau nicht weiter rentiert. Oft ist man daher auf einen der vielen Busse angewiesen, die in Mexiko quasi das öffentliche Haupttransportmittel sind, wenn man hier irgendwo hinkommen will.

Eine sozusagen ordentliche Bushaltestelle mit Fahrplanaushang etc. kann man hier aber lange suchen und man merkt relativ schnell, dass die Busse einfach auf gewissen Stammstrecken fahren und dann stehen bleiben, wenn es dem Fahrer eben passt oder jemand gerade aus- oder einsteigen möchte. Auf den zwei bis drei auf die Windschutzscheibe geklebten Zetteln lässt sich meistens ungefähr erahnen, wo ein bestimmter Bus zumindest ganz am Schluss ankommen wird. Gleichzeitig muss man aber darauf achten, ob es nicht noch irgendwelche Feinheiten bei der aktuellen Strecke gibt, welche man an wichtigen Kreuzungen in der Regel von einem der vielen Ausrufer zugeschrien bekommt. Die Fahrertüre bleibt bei diesem Verkehrsmittel übrigens meistens den ganzen Tag offen, und wenn ein Bus so voll ist, dass man nur vorne am Einstieg mitfahren kann, stört das auch niemanden.

Das berühmte deutsche „zu ungenau" ist wohl auch deswegen so negativ behaftet, weil es an diese Zeit im Schulunterricht erinnert, wo wir schon als Kinder gelernt haben, wie eine ordentliche Beschreibung auszuschauen hat. Und wenn ich mir heute die Menschen in gewissen europäischen Staaten ansehe, wie sie an ihren Haltestellen stehen und meist nach wenigen Minuten so dermaßen nervös werden, weil ihr Bus oder ihre U-Bahn nicht schon längst eingetroffen ist, wie von Fahrplan oder Anzeige prophezeit, dann frage ich mich, ob wir es uns nicht oft unnötig schwer machen mit unserer ganzen Zeiteinteilung.

Gibt man dem Lebensgefühl in Mexiko allerdings einfach einmal eine Chance, kann man sich auch die Frage stellen, ob „ungenau" nicht oft auch einfach nur „unkompliziert" bedeutet. Immerhin können einem die geschichtlichen Hintergründe einer Stadt ja auch komplett egal sein, wenn es einem dort gut gefällt. Und wie man eine Stadt oder eine U-Bahnstation bezeichnet bzw. warum, das ist im Grunde eigentlich ebenso unwichtig, solange es alles irgendwie funktioniert.

Und für mich ist es auch genau das, was Mexiko ausmacht und möglicherweise sogar typisch mexikanisch ist: Es läuft hier immer alles ein bisschen anders ab als erwartet, letzten Endes funktioniert aber doch alles irgendwie.

(Frederik Klingenschmid)

Gewusst?

Von 1838 bis 1839 herrschte zwischen Mexiko und Frankreich der sogenannte Kuchenkrieg – ausgelöst wurde dieser durch mexikanische Soldaten, die eine französische Bäckerei in der Nähe von Mexiko-Stadt plünderten. Mexiko gehört außerdem zu jenen Ländern weltweit, die die höchsten Raten an Fettleibigkeit verzeichnen. In Mexiko steht auf einen Ausbruch aus dem Gefängnis keine Strafe. Und mexikanischen Physikern gelang es, aus einer weißen Tequilasorte durch Verdampfung hauchdünne Diamantlagen herzustellen. Und tatsächlich ist Tequila das mexikanische Nationalgetränk, von dem mehr als 1.800 verschiedene Sorten erhältlich sind – sie alle gewinnt man in einem aufwendigen Produktionsprozess aus der Agave. Außerdem wird ein Tequila ausschließlich dann als Tequila bezeichnet, wenn er im Bundesstaat Jalisco produziert wurde. Auch eine der hässlichsten Hunderassen weltweit stammt aus Mexiko: Der Xoloitzcuintle – kurz: Xolo oder Mexikanischer Nackthund – wurde von den Azteken als irdischer Vertreter des Todesgottes „Xolotl" erachtet und sie schrieben ihm heilende Fähigkeiten zu, heute lassen sich mit ihm aber wohl eher Wettbewerbe um den hässlichsten Hund gewinnen. Einer der wichtigsten Feiertage in Mexiko ist der „Día de Muertos": Am Tag der Toten gedenkt man den Verstorbenen, die ihren Angehörigen einmal jährlich aus dem Jenseits besuchen sollen – das feiert man mit Musik, Tanz und kulinarischen Köstlichkeiten, Straßen werden dann mit Totenköpfen und Skeletten versehen und die Feiernden tragen ein passendes Make-up. Statt Trauer herrscht dann aber eine feierlich-fröhliche Stimmung. Apropos Feiern: Ein

Kindergeburtstag ohne Piñata ist in Mexiko undenkbar – somit gibt es auch Shops, die nicht anderes als Piñatas und Süßigkeiten, um diese zu füllen, anbieten. Bei den heutigen Piñatas handelt es sich meist um bunte (Comic-)Figuren oder sie sollen an gewisse Politiker erinnern. Aber auch die traditionelle Piñata war mit Süßigkeiten gefüllt, allerdings handelt es sich dabei stets um eine Kugel mit sieben Spitzen, die für die sieben Todsünden stehen, und zerschlagen wird dabei symbolisch das Böse, während das herabfallende Zuckerwerk für den Segen steht, der auf alle fällt. Werdenden Vätern des Huichol-Stamms in Mexiko bindet man übrigens während der Geburt ein Seil um den Hoden – daran darf die Gebärende ziehen, wenn die Wehenschmerzen ihren Höhepunkt erreichen.

Aus der mexikanischen Küche …

Mexikanische Alambres „tradicional"

400 g gutes, flach geklopftes Fleisch (Pute, Rind, Schwein, egal)
1–2 Zitronen (besser Limetten)
1–2 Paprika (lieber zu viel als zu wenig)
1 große Zwiebel
(Knoblauch, wer's mag)
200 g geriebenen Käse (mild)
Öl, Maggi
8 Weizentortillas

1. Fleisch in Streifen schneiden und kurz in Öl, Zitronensaft, Salz und Pfeffer marinieren.
2. Ofen auf ca. 200 Grad vorheizen.
3. Paprika und Zwiebel klein schneiden, kurz in einer Pfanne anbraten, herausnehmen und auf die Seite stellen.
3. Weizentortillas mit Wasser befeuchten und übereinandergestapelt in Alufolie verpackt
   ca. 10–15 Minuten im Ofen lassen (Rost/Blech mittlere Schiene).
4. In derselben Pfanne wie zuvor nun das Fleisch kurz und scharf anbraten, auf eine niedrige Stufe zurückschalten und Pfanne samt Inhalt stehen lassen.
5. Zwiebel und Paprika in die Pfanne geben, einen ordentlichen Spritzer Maggi dazu und alles vermengen und abschmecken.
6. Käse über Fleisch und Gemüse streuen und am besten alles direkt in der Pfanne am Tisch servieren.

7. Tortillas aus dem Ofen nehmen, in der Alufolie lassen und mit einem sauberen Geschirrtuch umwickeln. Im Brotkorb servieren.

8. Tortillas mit Fleisch etc. füllen, falten und loslegen.

Richtig gut dazu passen außerdem noch Tomatenwürfel, grüner Salat, Joghurt, scharfe Soßen usw.

Typisch österreichisch

Österreich
Fläche: 83.871 km²
Einwohner: 8.793.370
Einwohner pro km²: 104,8
Hauptstadt: Wien
Amtssprache: Deutsch
Staatsform: Parlamentarische Bundesrepublik (seit 1955)
Währung: Euro
Internetkennung: .at
Autokennzeichen: A

Was ist typisch österreichisch?

„Die Mentalität der Österreicher ist wie ein Punschkrapfen: außen rot, innen braun und immer ein bisschen betrunken."
Thomas Bernhard

Österreich mit seinen neun Bundesländern und einer abwechslungsreichen Landschaft rund um Alpen, Gletschern, Seen, Städten und Dörfchen ist auch geschichtlich und kulturell äußerst vielfältig und so viel mehr als Wiener Schnitzel und Sachertorte, Mozart, Kaiserin Sisi oder Freud. Aber was ist nun typisch österreichisch?

Österreichisches Deutsch: *„Was Deutschland und Österreich trennt, ist die gemeinsame Sprache." (Karl Kraus)*

Österreichisch ist eigentlich eine eigene Sprache und diese klingt für einige wohl ungewöhnlich, dazu kommen unzählige Dialekte, die sich teils von Tal zu Tal, sogar von Ort zu Ort unterscheiden. Typisch österreichische Ausdrücke sind etwa „Gfrast" oder „a Brezn reißen". Zu „Kartoffeln" sagt man beispielsweise „Erdäpfel" und die „Tomate" ist in Österreich als „Paradeiser" bekannt.

Wintersport wird in Österreich großgeschrieben: Über Österreichs Fußballfertigkeiten lässt sich zwar streiten, aber im Skispringen, Skifahren und Co. ist die Nation wirklich unschlagbar und auch viele Österreicher treibt es im Winter ins glitzernde Weiß hinaus – und wer nicht selbst den Berg hinabwedelt, verfolgt das Wintersportgeschehen zumindest am TV-Bildschirm.

Gemütliche „Tea time" in Österreich: Die gibt es nicht nur in England, auch der Österreicher lässt keine Gelegenheit dazu aus; serviert werden zur **„Jause"** dann allerdings ganz gemütlich „Kaffee und Kuchen". Egal ob am Vor- oder Nachmittag, auch nach dem Mittagessen munden Österreichs Spezialitäten wie Apfelstrudel, Wiener Kaffee (der in unzähligen Bezeichnungen wie Großer oder Kleiner Brauner, Einspänner, Melange, Verlängerter etc. verbreitet ist), Sachertorte oder Topfenpalatschinken (Pfannkuchen mit Quark) hervorragend.

Süßes als Hauptspeise: … ist typisch österreichisch: Kaiserschmarrn mit Zwetschgenröster oder Germknödel mit Vanillesauce sind traditionelle Süßspeisen, die gerne auch als Hauptgericht am Teller landen.

Taxifahrer setzen auf Mercedes: Unfassbar ist dieser Umstand oft für Amerikaner, doch es stimmt tatsächlich – der Grund, wieso die meisten Taxis Mercedes sind, ist leider nicht bekannt.

Die Wiener sind ein eigenes Volk für sich:
Am echten Wiener ist fürwahr nichts kantig,
Ja manchem dünkt sein Wesen schier zu weich.
Was andre grämt, macht ihn ein bißchen „grantig"
Und raschem Poltern folgt sein Lachen gleich.
Doch mag ihn auch ein leichter Wind schon biegen,
Der stärkste Sturm wird ihn nicht unterkriegen!
Albrecht Graf Wickenburg (1839–1911), österr. Lyriker

Unter den Österreichern genießen die Wiener keinen ausnehmend guten Ruf, sie sind immer „angfressen" (schlecht gelaunt) und nicht besonders hilfsbereit – so schlimm ist es in Wirklichkeit aber keineswegs. Manche beschreiben Österreicher generell als freundlich mit einem grantigen Unterton. Zu einer Eigenart zählt wohl auch das beliebte „Sudern" (Jammern). Außerdem wird den Österreichern eine gewisse Entscheidungsschwäche nachgesagt, das zeigen auch *„Die drei Reaktionen der Österreicher auf Veränderungen: Wo komma wir da hin?, Wo komma da her?, Do könnt a jeder kommen!"* (Unbekannte Quelle)

Und übrigens ruhen am Wiener Zentralfriedhof über 2,5 Millionen Tote – das übersteigt die lebende Einwohnerzahl (etwa 1,88 Mio.): Hier finden sich auch die Gräber der berühmten Komponisten Brahms, Beethoven, Schubert und mehrere aus der Familie Strauß.

Bier ist das Lieblingsgetränk: Mit Bier oder Schnaps stoßen die Österreich gerne und bei jeder sich bietenden Gelegenheit an – das gesamte Jahr über, zu jeder Tageszeit. Typisch österreichisch ist außerdem Red Bull: Das koffeinhaltige Getränk gilt mit über 70 Milliarden verkauften Dosen (Stand: 2018) gar als der meisterverkaufte Energie-Drink weltweit.

Am Würstlstand erfährt man alles: Der Würstlstand ist wohl das Kommunikationszentrum Nr. 1 der Wiener.

Ohne Dirndl und Lederhosen geht gar nichts: Ganz so ist es zwar nicht, aber es stimmt schon, die Österreicher lieben ihre Tracht und tragen sie bei diversen Gelegenheiten, egal ob Schützenfest, Hochzeit, Prozession oder Zeltfest. Das heißt aber nicht, dass auch alle Österreicher eine Tracht im Kleiderschrank hängen haben. Typisch österreichisch ist sie dennoch.

Auf Titel wird bestanden: Man könnte auch sagen: Land der Titel, Land am Strome (im Original lautet die Bundeshymne an dieser Stelle: Land der Berge, Land am Strome). In wohl kaum einem anderen Land der Welt wird bei Anreden, Einladungen, in Gesprächen, ja manchmal sogar an der Theke im Supermarkt so viel Wert darauf gelegt, die Menschen mit ihrem Titel anzusprechen. Herr und Frau Österreicher sind eben stolz auf ihre Titel und demonstrieren das bei jeder Gelegenheit. Umso mehr grämt es sie, dass man bei Abschluss seines Studiums mittlerweile meistens einen nachgestellten Titel bekommt. Wie titelgläubig die Österreicher zu Zeiten von Kaiser Franz Joseph waren, zeigt diese Anekdote: Als Gymnasiallehrer den Kaiser um eine Gehaltserhöhung baten, ging er nicht darauf an, bot ihnen aber an, sich fortan als Professor bezeichnen zu dürfen – damit gab man sich zufrieden.

Der heilige Sonntag: In anderen Ländern lässt sich 24 Stunden an sieben Tagen die Woche einkaufen gehen: In Österreich sind Einkaufszentrum und Lebensmittelmärkte in der Regel allerdings geschlossen. Schließlich gehört der Sonntag der Familie, oft stehen Ausflüge am Programm oder man entspannt gemütlich zu Hause.

Übrigens: Kaum einem Österreicher ist „The Sound of Music" – weder das Musical noch der Film – bekannt.

(Elisabeth Pfurtscheller)

Gewusst?

Bis heute gehört für die meisten die Postkarte zum Urlaub dazu – und diese Form der Urlaubsgrüße stammt aus Österreich: Am 1. Oktober 1869 versandte man die ersten solchen Karten in der damaligen Österreichisch-Ungarischen Monarchie. Der Gedanke dahinter war aber anders: Die sogenannten Correspondenzkarten mit eingedruckten Postwertzeichen ermöglichten es kostengünstig, kurze Nachrichten zu verschicken. Ein Brief kostete nämlich fünf Kreuzer, eine Karte inklusive Versandgebühren schlug mit nur zwei Kreuzern zu Buche. In China gibt es eine Kopie des pittoresken Dorfs Hallstatt im Salzkammergut, auch der dazugehörige See wurde – wenn auch nicht 100 Prozent maßstabsgetreu – nachgebaut: Dort leben jetzt reiche Chinesen. Der älteste, noch bestehende Zoo ist der Wiener Tiergarten in Schönbrunn: Er befindet sich seit 1752 in Betrieb. Außerdem stammt die älteste, noch erscheinende Tageszeitung der Welt aus Wien: Die Rede ist von der Wiener Zeitung, die 1703 als Wiennerisches Diarium gegründet wurde und vollständig im Besitz der Republik Österreich ist. Übrigens verdankt Steven Spielberg seinen Nachnamen dem österreichischen Ort Spielberg – seine Vorfahren stammten nämlich unter anderem aus Österreich. Für den Bau des Wiener Stephansdoms verwendete man teilweise Wein: Man durfte den damals schlechten Jahrgang nicht wegschütten, deshalb wurde er verwendet, um den Kalk zu löschen, mit dem man das Fundament für den Nordturm legte – das ist wohl allerfeinstes Recycling bereits im Jahre 1450. Laut einer Umfrage verwenden zwei Drittel der österreichischen Bevölkerung Klopapier bevorzugt gefaltet, sieben Prozent hingegen knüllen es zusammen. Und der 1. Wiener Bezirk beherbergt drei Klos, die unter Denkmalschutz stehen. Ötzi, die mittlerweile weltweit bekannte Gletschermumie, litt an Laktoseintoleranz. In Tirol veranstaltet man jährlich die österreichische Meisterschaft im Kuhfladen-Weitwurf, es ist nicht gestattet, dem Kuhfutter Zement beizumengen, um damit die Kuhfladen zu dopen – als Preis winkt natürlich die „Goldene Kuhflade". Österreich hat aber auch wirklich bemerkenswerte Ortsnamen und Bezeichnungen von Regionen: Fucking, Äußere Einöde, Arschlochwinkel, Poppen und Hühnergeschrei sind einige davon.

Aus der österreichischen Küche ...

Die österreichische Küche ist eine Mischung aus vielen, zum Teil noch in der k. u. k. Monarchie verwurzelten Küchen, was auch in den Bezeichnungen zu spüren ist. Obwohl in Österreich Deutsch gesprochen wird, sitzt vor allem der deutsche Erstbesucher aus dem Nachbarland bisweilen etwas ratlos vor der Speisekarte und rätselt, was Beuschl, Gröstl, Faschiertes, Kren, Karfiol, Fisolen oder Paradeiser wohl sein mögen.

Eines der über die Grenzen Österreichs hinaus bekanntesten Gerichte ist das berühmte **Wiener Schnitzel**, ein dünn geklopftes, paniertes und in Butterschmalz ausgebackenes Kalbsschnitzel. Ein so zubereitetes Schweineschnitzel ist nur ein Schnitzel Wiener Art.

Ein klassisches Gericht der österreichischen Küche ist der **Tafelspitz**, in Brühe gekochtes Rindfleisch aus dem Schwanzstück, das in Scheiben geschnitten serviert wird. Österreich ist bekannt für seine Kaffeehauskultur und kennt etwa 40 verschiedene Kaffeesorten. In manchen Kaffeehäusern hat man die Qual der Wahl zwischen etwa der Hälfte davon, allen voran *Großer Brauner, die Melange, Einspänner, Kapuziner* und *Überstürzter Neumann* (bei Letzterem kommt erst die Schlagsahne in die Tasse und wird dann mit Mokka „überstürzt").

Aber was wäre eine Jause (Nachmittagskaffee) ohne eine **Mehlspeise** dazu! Dabei handelt es sich um einen Oberbegriff für Kuchen, Gebäck und Süßspeisen. Zum Kaffee isst man *Sachertorte, Malakofftorte, Kardinalschnitten,*

Nussbeugel und *Powidltascherl*, doch Mehlspeisen gibt es auch als Hauptgericht. Warm genießt man z. B. Germknödel, Apfelstrudel, Kaiserschmarren und Palatschinken aller Art. Ein Genuss sind immer wieder **Marillenknödel**.

Marillenknödel aus Topfenteig

(auch für andere Obstsorten oder ungefüllt zu verwenden)
250 g Topfen/Quark (10 oder 20 %)
1 Ei
70 g Margarine
etwas Salz
mit der Gabel vermischen
70 g Grieß und
70 g Mehl darunter rühren und
die Masse etwa eine Stunde kalt stellen.

Knödel mit oder ohne Obst formen und in Salzwasser kurz aufkochen. Deckel auf den Topf geben und noch etwa 15 Minuten ziehen lassen. Semmelbrösel in Butter oder Margarine anrösten und Knödel darin wälzen.

Mit Puderzucker servieren.

Typisch portugiesisch

Portugal
Fläche: 92.090 km²
Einwohner: 10.355.493
Einwohner pro km²: 112,4
Hauptstadt: Lissabon
Amtssprache: Portugiesisch
Währung: Euro
Staatsform: Parlamentarische Republik (seit 1976)
Internetkennung: .pt
Autokennzeichen: P

Was ist typisch portugiesisch?

Der portugiesische Romancier Eço de Queiroz sagte von sich: *„Ich bin durch und durch Portugiese. Unheilbar romantisch, melancholisch, und lebensdurstig."*

Keine Frage, Portugiesen sind stolz darauf, Portugiesen zu sein. Einerlei, ob im Norden geboren, im Süden, in der Kapitale oder in den Bergen, fühlt sich jeder Portugiese im Herzen mit seiner Heimat verbunden und *nimmt* seine Traditionen und seinen Glauben überall mit hin.

Und kaum eine zweite Nation hat sich derart zahlreich über die fünf Kontinente ausgestreut wie dieses am Ende der Welt im Südwesten von Europa seit über 850 Jahren zusammengewürfelte liebenswerte Völkchen der Portugiesen, zusammengerauft aus den drei Kulturkreisen der

Kelteniberer, der Westgoten und der iberischen Mauren. Neugierig von Natur aus und von jeher eine Seefahrernation, entdeckte eine Handvoll Männer mit ihren Frauen die Seewege über die Weltmeere zu anderen Kontinenten, Ländern, Völkern, Kulturen und Sitten und brachte seit dem ausgehenden Mittelalter reichlich Kulturwissen mit zurück in ihr Land. Gleichzeitig verbreitete sich die portugiesische Kultur, ihre Architektur, ihr Glauben an die Heilige Dreifaltigkeit und ihre Sprache auf den damals bereits bekannten vier Kontinenten. Ihre Kulturwurzeln außerhalb Kontinental-Portugals blieben in insgesamt sieben Ländern und drei Insel-Archipelen bis heute erhalten.

Besungen wurde der Aufstieg des zunächst historisch völlig unbedeutenden Königreiches von einem einäugigen Seefahrer, nicht einmal ein Aristokrat war er. In über 1.100 lyrischen Strophen erhielt die Nation und ihre Sprache ein episches Gesicht, der Dichter, der von sich sagte, kein Dichter zu sein, hinterließ der Nachwelt ein literarisches Weltenwerk an hohem Gesang namens *Lusiaden*. Ein Werk, das dem Soldaten, dem Bauer, dem Fischer, dem Volk aus dem Herzen sang und nicht die Herrschaft heroisierte, gab dem Nationalfeiertag seinen Namen: *Luis de Camões* Tag. Gefeiert wird dieser Tag auf der ganzen Welt, in jedem Land, in jeder Stadt, in jedem Dorf, wo Portugiesen leben, am 10. Juni, mit Sardinen, Wein, Fado und Tränen.

Kein zweites Volk weint miteinander wegen der Träume, die nie wahr werden, wegen der Sehnsüchte, die sich nie erfüllen, wegen der imperialen Glorie, die niemals wiederkehrt, und wegen der Liebe, die kommt und geht und manchmal bleibt, bis Frau Tod kommt und Herrn Liebe für ewig raubt. In einem Wort: *Fado*. Der portugiesische Folklore-Gesang kehrt die portugiesische Seele nach außen, die Seele aller Portugiesen, und vielleicht sogar die Seele aller Menschen, aber das verstehen nur Portugiesen, und deswegen gibt es auch bloß hier die *Saudade*, die gelebte, wahrhaftige und einzig gültige Melancholie.

Selbstverständlich sind Portugiesen romantisch. Allein ihre Sprache verführt dazu, diese wunderbar bildhaft lebendige, einzigartig klingende Sprache beschreibt die Dinge immer ein bisschen mehr als das, was sie sind, und schuf das Wort *barroco*. Alles ist ein bisschen größer, dicker, kleiner, kälter oder heißer, es ist ein bisschen komplizierter und ein bisschen unmöglicher. Nichts ist nur hübsch, alles ist hübscher, gar am hübschesten. Dem Portugiesen geht es nie gut, sondern sehr gut oder gar nicht. Sein Herz schäumt über vor Lebenslust oder es trieft vor Melancholie. Dazwischen liegt, wenn überhaupt, der *marafado*, der auf Krawall gebürstete, eigenwillige Trotzkopf, der wie ein Rohrspatz in Überschallgeschwindigkeit schimpft.

Fleißig sind Portugiesen, benutzen ihrer Hände Kraft, dazu eine Prise Improvisationstalent und Cleverness. Sie arbeiten von früh bis spät, auch am Wochenende, vor allem im Dienstleistungs- und Gastgewerbe. Deswegen ist die Mittagspause heilig und wird, wie alles andere auch im Leben, ein bisschen überzogen. Ein bisschen zu spät kommen die Züge, die Schüler, die arbeitende Bevölkerung, die Beamten, im Grunde genommen alle. Aber das stört niemanden, und wenn überhaupt, dann, genau, bloß ein bisschen.

Lebenslustig sind Portugiesen auf jeden Fall. Das gesamte Jahr lang gibt es etwas zu feiern: Nationale Feiertage, regionale Feiertage, Städtetage. Hinzu kommen die Populär-Tanzmärsche, religiöse Feiertage und Feste und in jedem Stadtteil noch ein eigenes Sommerfest. Frei nach dem Motto: Wer hart arbeitet, kann auch fest feiern. So beginnen die Feste auf der Straße erst spätabends, nachdem Portugiesen Feierabend, Haus und Hof in Ordnung gebracht haben und die Familie gegessen hat, und dauern ein bisschen länger als die in anderen Ländern bekannte Sperrstunde. Natürlich muss man irgendwann einmal schlafen, aber vorher wird das Leben genossen, in vollen Zügen, mit allen Sinnen, bei jeder Gelegenheit. Wozu in den Wohnungen herumhocken, vor dem Fernseher lümmeln, mit dem Smartphone spielen, wenn es draußen sommerlich warm ist, wenn Musik spielt und alle tanzen, reden und lachen, da hält es keinen Portugiesen im Haus. Er will hinaus. Leckeres naschen, ein Tröpfchen trinken, ehemalige Kollegen, Cousins, Nachbarn treffen und wissen, was los ist, im Leben der anderen. Im Herzen der anderen. Um zusammen zu leiden, zu weinen oder zu lachen.

Das ist der Portugiese. Das ist typisch portugiesisch.

Somos nós, sagen Portugiesen über sich, wir sind wir, und bewahren ihre Traditionen wie einen Schatz, damit sie immer wissen, woher sie stammen und wohin sie gehen.

Denn möglich ist alles, sofern die Seele nicht kleinmütig ist. (Portugiesische Lebensweisheit)

(Catrin George)

Gewusst?

Im Jahre 1807 musste der portugiesische Hof unter König Johann VI. vor Napoleons Truppen in die damalige Kolonie Brasilien flüchten: Man ließ sich in Rio de Janeiro nieder und daher war von 1808 bis 1821 die Metropole am Zuckerhut die portugiesische Hauptstadt. Bis 1928 herrschte in Portugal Linksverkehr – so lange war Portugal noch stark vom englischen Einfluss geprägt, den Rechtsverkehr etablierten die Franzosen in Europa. Frankreich ist übrigens die zweite Heimat der Portugiesen: Über eine Million der Einwohner in Frankreich stammen aus Portugal (das ist mehr als doppelt so viel wie die isländische Gesamteinwohnerzahl). Und es war eine Portugiesin, nämlich Katharina von Braganza, die den Tee nach England brachte: Sie heiratete im 17. Jahrhundert den englischen König Karl II. und brachte Tee mit zur Hochzeit und somit nach England, da sie nicht darauf verzichten mochte. Es waren portugiesische Jesuiten, die während ihrer Zeit als Missionare in Japan in Nagasaki Tempura erfanden. Die kürzeste Regierungsdauer aller Zeiten hat Luis Felipe von Portugal aufzuweisen: 20 Minuten nach dem Tod seines Vaters starb auch er – in diesen 20 Minuten war er portugiesischer König; in den Königslisten Portugals scheint er aber nicht auf. In Portugal gibt es eine Liste an Namen, die Eltern ihren Babys nicht geben dürfen – darunter Tom, Emily und William. Außerdem ist es per Gesetz verboten, ins Meer zu urinieren.

Aus der portugiesischen Küche ...

Die portugiesische Küche ist eine Schatztruhe, die sich lohnt zu öffnen und nach und nach auszupacken, bislang ein gastronomisch heller Fleck auf der lukullischen Weltkarte. Die lokale Kochtradition bleibt hinter der für den internationalen Tourismus ausgerichteten Gastronomie eher im Verborgenen. Man muss sie suchen und findet sie abseits der Touristenpfade in einer Seitengasse, in einem Vorort, in den Bergen, im Dorf. Die lokale Kochkultur präsentiert sich unverfälscht, minimalistisch, sie überrascht und überzeugt, durch Qualität und Geschmack, nicht durch Beiwerk oder Schnickschnack. Frei nach dem Motto: Weniger ist mehr! Man kocht mit dem, was Ozean und Erde geben. Sämtliche Zutaten stammen somit aus dem Meer, aus den Gärten und Obsthainen der Hochebene und der Serra. Fisch vom Grill, Salat, Gemüse, Früchte dominieren die Sommerküche, Eintöpfe und Suppen (z. B. **Caldo Verde**) mit Hülsenfrüchten, Speck, Würste, Fleisch die Winterküche. Die Raffinesse der Speisen steckt in der Harmonie zwischen den Grundzutaten. Die bekannteste portugiesische Süßigkeit ist **Pastel de nata**, ein Blätterteigteilchen mit Pudding.

In vielen traditionellen Gerichten findet man **Bacalhau**. Als **Bacalhau** (Klippfisch) bezeichnet man den erst gesalzenen und dann getrockneten Kabeljau. Es heißt, in Portugal gebe es so viele Bacalhau-Rezepte wie das Jahr Tage hat. In Wirklichkeit sind es wahrscheinlich drei für jeden Tag.

Bacalhau à Bráz

Man nehme 1 bis 2 Klippfischfilets oder verwendet Bacalhau bereits klein gezupft und vakuumiert aus dem Kühlregal oder tiefgefroren aus der TK-Abteilung im Supermarkt. Wer dort nicht fündig wird, kann es im portugiesischen oder spanischen Lebensmittelgeschäft probieren. Sollte nirgends Klippfisch erhältlich sein, kann man auf frischen Kabeljau ausweichen.

Vorbereitung: Die Filetstücke vom Klippfisch in kleinere, etwa gleich große Portionen schneiden und die einzelnen Stücke unter fließendem Wasser von der äußeren Salzschicht befreien. Die Stücke in einem Gefäß mit Wasser bedeckt für etwa 8 bis 12 Stunden wässern (Wasser drei- bis viermal wechseln). Um festzustellen, ob der Bacalhau küchenfertig ist, zupft man ein Stückchen Fischfleisch aus dem dicksten Stück und probiert. Es darf und muss nach Salz schmecken, das Fleisch sollte noch kompakt, aber weich sein. Hat man das Gefühl, der Bacalhau sei noch zu trocken oder zu salzig, lässt man ihn weitere ein bis zwei Stunden im Wasser im Kühlschrank ziehen.

Bereits gezupfter Bacalhau braucht nur die Hälfte der Zeit zum Einweichen, kauft man Klippfisch tiefgefroren, reicht es, ihn auftauen zu lassen. Frisches Kabeljaufilet kann man sofort verarbeiten.

Zutaten:

600 g Bacalhau oder Kabeljau wie oben beschrieben, vorbereiten und zum Zubereiten in dünne Streifen zupfen.

4–6 mittelgroße festkochende Kartoffeln in dünne Stifte zu Strohkartoffeln schneiden, oder auf der Küchenreibe grob reiben.

2 Zwiebeln schälen, halbieren, als Halbmonde dünn schneiden.
2 Knoblauchzehen fein würfeln
Petersilie fein wiegen
Oliven
4–6 Eier
Olivenöl
Milch
1 Kopfsalat

Zwiebeln und Knoblauch in Olivenöl in einer hohen Pfanne glasig dünsten, mit Paprikapulver würzen. Salz nur bei frischem Kabeljau verwenden.

Die Strohkartoffeln in einer zweiten Pfanne in Sonnenblumenöl frittieren und auf Küchenpapier abtropfen lassen. Den gezupften Bacalhau/Kabeljau im Zwiebelsud gar schwitzen lassen, nach und nach die Strohkartoffeln dazugeben.

Eier mit einem Schuss Milch verquirlen und über die Zwiebel-Fisch-Kartoffelmischung geben. Eine Handvoll Oliven einstreuen und die Bacalhau à BrázMischung so oft in der Pfanne schwenken, bis das Ei stockt. Auf einer vorgewärmten Platte servieren und mit frisch gehackter Petersilie bestreuen. Dazu isst man Kopfsalat und Oliven.

(Catrin George)

Typisch schwedisch

Schweden
Fläche: 447.430 km²
Einwohner: 10.183.000
Einwohner pro km²: 22,76
Hauptstadt: Stockholm
Amtssprache: Schwedisch
Währung: Schwedische Kronen
Staatsform: Parlamentarische Monarchie (seit 1909)
Internetkennung: .se
Autokennzeichen: S

Was ist typisch schwedisch?

Schweden, das skandinavische Land im hohen Norden und zugleich das viertgrößte Europas, galt lange Zeit als Musterland, ein Wohlfahrts- und Wohlfühlstaat. Dafür gab es einen eigenen Begriff: *lagom*, was so viel bedeutet, wie „perfekt", „gut so", „alles passend".

Hinter Schweden liegt ein sozialdemokratisches Jahrhundert. Die Sozialdemokratische Partei hat das Land über Jahrzehnte geprägt. Eine Sozialpolitik basierend auf sozialer Gerechtigkeit für alle Bürger wirkte sich auf sämtliche Bereiche des täglichen Lebens aus: Gesundheitswesen, Kranken- und Rentenversicherung, Arbeitsmarkt, Altersfürsorge und Wohnungsbaupolitik.
In den 1990er-Jahren begann das System zu bröckeln. Eine Wirtschafts- und Bankenkrise führte zur Kürzung

von Sozialleistungen, zu Änderungen im Rentensystem, Rückgang der Einkommen sowie weiteren einschneidenden Veränderungen.

Die Schweden galten immer als tolerant und weltoffen. Bereits seit den 1950er-Jahren waren ausländische Arbeitskräfte am wirtschaftlichen Aufschwung beteiligt. Es gab sogar für manche Orte im dünn besiedelten Norden statt einer Obergrenze eine Mindestzahl für Einwanderer. Doch seit die Flüchtlingswelle dem Land seit 2015 etwa eine Million Migranten zusätzlicher Migranten beschert hat (Schweden hat in Europa pro Kopf die meisten Asylsuchenden aufgenommen), wandelte sich diese Haltung: Es gab einen Rechtsruck. Bei der Wahl zum Schwedischen Reichstag im September 2018 erzielte die rechtspopulistische Partei der Schwedendemokraten das beste Ergebnis seit ihrem Bestehen, während die sozialdemokratische Partei das schlechteste Wahlergebnis seit 100 Jahren zu beklagen hatte. Sie verlor jede zehnte Stimme. Schweden fügt sich damit in Reihe der Staaten ein, in denen die Flüchtlingsfrage zur Schicksalsfrage für das Land geworden ist.

Mehrere Generationen von Kindern sind mit den Charakteren aus den Büchern schwedischer Kinderbuchautoren aufgewachsen.

1907/08 erschien von **Selma Lagerlöf** *Nils Holgerssons wunderbare Reise mit den Wildgänsen* in deutscher Sprache. Darin erzählt sie von einem 14-jährigen Jungen, der zur Strafe für seine Faulheit und bösen Streiche in ein Wichtelmännchen verwandelt wird und auf dem Rücken des zahmen Gänserichs Martin mit einer Schar Wildgänse durch ganz Schweden zieht und den jugendlichen Lesern so das Land näherbringt. 1909 wurde Selma Lagerlöf mit den Literatur-Nobelpreis ausgezeichnet.

1949 erschien mit *Pippi Langstrumpf* das erste Buch von **Astrid Lindgren** auf Deutsch, dem bis zu ihrem Tod im Jahr 2002 noch viele weitere folgen sollten: Die Kinder von Bullerbü, Michel aus Lönneberga, Ronja Räubertochter, Karlsson vom Dach, um nur einige zu nennen. Astrid Lindgren wurde 1999 zur „Schwedin des Jahrhunderts" gekürt.

1964 veröffentlichte **Runer Jonsson** sein spannendes Kinderbuch *Wickie und die starken Männer* – die Geschichte eines kleinen Wikingerjungen, der auf den Beutezügen der Großen schlau und gewitzt für alle Probleme der Erwachsenen eine Lösung findet. 1965 erhielt Jonsson dafür den Deutschen Jugendbuchpreis. Als Zeichentrickserie und als Spielfilm sind seine Figuren heute immer noch sehr beliebt.

Seit 1984 begeistert **Sven Nordqvist** die kleineren Kinder mit seinen liebevoll illustrierten Geschichten von dem alten *Pettersson* und seinem sprechenden Kater *Findus*.

In der Literatur für erwachsene Leser haben viele schwedische Romanautoren ihre teils spannenden Spuren hinterlassen, zum Beispiel **Stieg Larsson, Henning Mankell, Håkan Nesser, Jonas Jonasson**. Als einer der Klassiker wäre **August Strindberg** zu nennen.

In der Musik kennt jeder die Gruppe **ABBA** und weiß, dass die vier aus Schweden kommen. Sie feierten internationale Erfolge, viele ihrer Lieder mit dem unverwechselbaren Sound wurden zu Welthits.

Es hört sich nicht so an, aber auch **Zlatan Ibrahimović** ist Schwede. Er wurde elf Mal mit dem „Guldballen" als *Schwedischer Fußballer des Jahres* ausgezeichnet. Seit dem 1. Januar 2020 ist er beim AC Mailand unter Vertrag.

Greta Thunberg, die junge Klimaschutz-Aktivistin, ist ebenfalls Schwedin. Sie initiierte die mittlerweile globale Schulstreik-Bewegung „Fridays for Future".

Was der Automobilhersteller VW in Deutschland, ist für Schweden **Volvo**. 1999 übernahm Ford die Volvo Car Corporation, 2010 kaufte der chinesische Multimilliardär Li Shufa das Unternehmen.

Die hierzulande wohl bekannteste Firma ist zweifelsohne Ingvar Kamprads 1943 gegründetes Einrichtungshaus **IKEA**. Der Kunde holte sich die Möbel in Einzelteilen ab und baute sie zu Hause selber zusammen. Der Inbusschlüssel war geboren. Seit 1974 gibt es IKEA auch in Deutschland. Eigentümerin des schwedischen Unternehmens ist heute die Stichting INGKA Foundation in den Niederlanden.

Das weltweit größte Knäckebrot-Werk **Wasa**, das 2019 stolze 100 Jahre alt geworden ist, wurde in der schwedischen Stadt Skellefteå gegründet. Wasa war lange das Synonym für Knäckebrot schlechthin. Auch dieses Unternehmen befindet sich nicht mehr in schwedischer Hand, sondern ist 1999 Bestandteil des italienischen Barilla-Konzerns.

Obwohl man die Schweden überwiegend rank und schlank kennt, haben sie den höchsten **Zuckerkonsum** aller europäischen Länder: insgesamt rund 50 Kilogramm pro Person und Jahr. 33 Kilogramm davon ist versteckter Zucker in Fruchtsäften und Lebensmitteln, der Rest Süßigkeiten wie Bonbons und Schokolade. Um vor allem Kinder vor Karies zu bewahren, wurde lange Zeit nur am Wochenende genascht, dann aber richtig: Die Lördagsgodis (Samstagssüßigkeit) wurden am Vortag eingekauft und am Samstag ließ es sich die ganze Familie schmecken. Inzwischen hat sich diese Tradition etwas gelockert, aber noch immer ist der Umsatz in den Süßwarenläden freitags besonders hoch.

Beim **Alkoholkonsum** findet man Schweden im europäischen Vergleich am unteren Ende der Skala. Man kann nicht einfach in den Supermarkt gehen und sich Wein, Bier oder Hochprozentiges kaufen. Alles, was mehr als 3,5 Prozent Alkohol hat, wird ausschließlich in lizensierten Systembolaget verkauft, und die haben normale Ladenöffnungszeiten. Die Preise sind etwa doppelt bis dreifach so hoch wie in Deutschland. Alkohol trinken darf man ab 18, Alkohol im Systembolaget kaufen ab 20 Jahren. Die Promillegrenze im Straßenverkehr beträgt 0,2 Prozent.

Wenn ein Autofahrer in Schlangenlinien unterwegs war, musste das bis zum 1. Februar 2018 aber nicht am Alkoholkonsum liegen. Seit diesem Tag gilt das Verbot der Handynutzung im Auto. Als letztes europäisches Land hat Schweden das Handyverbot eingeführt. In Deutschland besteht dieses Verbot bereits seit 2001.

Die typisch **schwedische Landschaft** gibt es eigentlich nicht. Im Norden befinden sich die Weiten Lapplands, Tundra und Fjälls, die Heimat der Samen, Rentiere und Lemminge. Daran anschließend erstreckt sich die Taiga mit Flüssen, Seen und endlosen Wäldern, in denen Bären, Elche und Wölfe leben. Schweden ist eines der waldreichsten Länder der Erde. In der Mitte und im Süden des Landes gibt es fruchtbare Ebenen, die für etwa 90 Prozent der landwirtschaftlichen Anbaufläche genutzt werden, und Flüsse, in denen im späten Frühjahr die Lachse laichen. Die meisten Einwohner Schwedens, etwa 40 Prozent, leben in den Regionen Stockholm, Göteborg und Malmö.

Der **schwedische Wald** wird intensiv genutzt. Nur 93 bis 94 Prozent sind noch echte Urwälder, der Rest ist nicht älter als 80 Jahre.

Auf dem Land fallen in ganz Schweden die rot gestrichenen Holzhäuser mit ihren oft weißen Rahmen auf, die bereits der auch bei uns bekannte Maler **Carl Larsson** in seinen romantischen Bildern verewigt hatte. Schwedenrot oder **Falunrot** ist Schwedens Nationalfarbe. Sie wurde in dem Abraum der Kupfergruben Faluns in Dalarna gewonnen. Viele Schweden stellen sich die rote Farbe selbst her. Die „Zutaten" dafür gibt's im Baumarkt.

Aus Dalarna stammt übrigens auch das beliebteste Souvenir des Landes, das **Dala-Pferd**, ein aus Kiefernholz geschnitztes Pferdchen, vorzugsweise in Schwedenrot.

Charakteristisch für Schwedens Küsten sind die **Schärengärten**. Schären sind Überbleibsel aus der letzten Eiszeit, zigtausend Inseln und Inselchen, von denen etliche grün und bewohnt sind, andere unbewohnt und viele nur als Felsen aus dem Wasser ragen.

Ist man in Schweden unterwegs, fallen immer wieder Schilder mit der Aufschrift „**Loppis**" auf, häufig selbst gemalt. Hierbei handelt es sich nicht um Ortsschilder oder Eigennamen, es sind Wegweiser zu meist privaten Flohmärkten oder Garagenverkäufen. Nicht immer ist dabei auch jemand anwesend. Man deponiert das Geld einfach in einem Behälter.

Seit Ikea in Deutschland auch warme Snacks anbietet, kennt man sie auch hierzulande: **Köttbullar**, die traditionellen schwedischen Hackfleischbällchen in feiner Sahnesoße. Wer sie erfunden hat, ist unklar – angeblich soll König Karl XII. das Rezept 1714 aus der Türkei mitgebracht haben.

Die wichtigste schwedische Zeitung ist die linksliberale ***Aftonbladet***, zu Deutsch *Abendblatt*, mit einer Auflage von 130.000 Exemplaren. Viel populärer ist allerdings die Online-Ausgabe. Diese bringt es immerhin auf 10 bis 20 Millionen Aufrufe pro Tag.

Die meisten Schweden sind Anhänger der Monarchie und lieben die **königliche Familie**. Das schwedische Königshaus hat es in Deutschland zu großer Popularität gebracht, seit die aus Heidelberg stammende Silvia Sommerlath 1976 den schwedischen König Carl XVI. Gustaf geheiratet hat. Ihre drei Kinder Victoria, Carl Philip und Madeleine sind verheiratet und haben dem Königspaar insgesamt sieben Enkelkinder beschert. Besonders Kronprinzessin Victoria, ihr Mann Daniel und deren Kinder Estelle und Oscar stehen stark im Blickpunkt der Öffentlichkeit.

Der **König** ist politisch neutral und genießt politische Immunität. Abgesehen von der Eröffnung des Reichstages in jedem Jahr und seinem Vorsitz im Ausschuss für Auswärtige Angelegenheiten hat er kaum politische Aufgaben.
Bis 1980 galt die männliche Nachfolge, doch in einer Gesetzesänderung wurde festgelegt, dass das erstgeborene Kind Thronfolger sein soll, unabhängig davon, ob es ein Junge oder ein Mädchen ist, und so heißt die schwedische Thronfolgerin Victoria.

Seit 1901 werden im Stockholmer Konzerthaus jährlich die von dem schwedischen Industriellen Alfred Nobel gestifteten **Nobelpreise** für Literatur, Medizin, Physik, Chemie und Wirtschaft verliehen. Das anschließende Bankett findet im Goldenen Saal des Rathauses statt. Nur der Friedensnobelpreis wird in Oslo übergeben.

Jedes Jahr am 13. Dezember wird in Schweden das Lichterfest zu Ehren der heiligen **Lucia** gefeiert. Es hat seinen festen Platz im schwedischen Brauchtum. Das Fest beginnt in den Familien. Die älteste Tochter trägt zu einem weißen Kleid mit rotem Taillenband einen Kranz mit Kerzen, brennenden oder elektrischen, auf dem Kopf. Andere weiß gekleidete Mädchen folgen ihr in einer Prozession. Dabei singen sie Lucialieder, trinken „**Glögg**" (Glühwein) und essen Safrangebäck. Der Höhepunkt ist die Wahl einer Heiligen Lucia.

Eines der wichtigsten und schönsten Feste in Schweden ist **Mittsommer**. Es wird an dem Wochenende gefeiert, das dem 24. Juni am nächsten ist. Man stellt die geschmückte Mittsommerstange auf, ähnlich dem Maibaum, Häuser werden mit Girlanden geschmückt. Wer eine Tracht besitzt, zieht sie an. Den Kopf schmücken Kränze aus Blumen, es wird getanzt, gespielt und gesungen.

(Edith Kölzer)

Gewusst?

Gefängnisse nennt man auch schwedische Gardinen, weil Stahl aus Schweden einst als besonders stabil galt und daher daraus oft die Gitter für Gefängnisfenster hergestellt wurden. Der Abstand zu den Nachbarn kann für einen Schweden nie groß genug sein – so liegt ein schwedisches Ferienhaus erst dann ideal, wenn von den Nachbarn nichts zu sehen und zu hören ist. Privatsphäre ist den Schweden heilig – das bedeutet auch, dass man sich an der Bushaltestelle oder im Gespräch nicht auf die Pelle rückt. Und seit mehr als 200 Jahren, seit 1812, war Schweden an keinem Krieg mehr direkt beteiligt. In Schweden herrscht kaum ein Personenkult – die Landsleute sind zwar stolz auf ihre Stars, doch auf der Straße nach ihnen umdrehen würde sich kaum einer. Duzen darf man in Schweden übrigens jeden, abgesehen von der königlichen Familie. Und eine schwedische Ostertradition erinnert an Halloween: Kinder laufen in Hexenkostümen von Tür zu Tür, um für ihre Osterwünsche Süßigkeiten oder manchmal Geld zu bekommen. Schweden war 1979 das erste Land, das es verboten hat, Kinder zu schlagen. Bereits 1972 erlaubte es weltweit als erstes Land den Bürgern, ihre Geschlechtsidentität rechtlich zu ändern. 99 Prozent der schwedischen Abfälle werden recycelt – Schweden veranlasst sogar den Import von Abfall aus anderen Staaten, um seine Biokraftstoffanlagen anzutreiben. Immer mehr Schweden lassen sich einen Mikrochip unter die Haut – zwischen Daumen und Zeigefinger – implantieren, dieser ersetzt Kreditkarte, Zugticket und Hausschlüssel – darauf werden nämlich personenbezogene Daten abgespeichert. Das Land hat aber auch die höchste Anzahl an McDonald's-Filialen in Europa. Das schwedische „ficklampa" bedeutet übersetzt Taschenlampe und „kaka" hat nichts mit Schmutz oder Fäkalien zu tun, sondern bezeichnet etwas Leckeres, und „tigerkaka" ist die schwedische Bezeichnung für Marmorkuchen.

Aus der schwedischen Küche ...

In Schweden wurde das **Knäckebrot** erfunden. Es ist sehr lange haltbar, weil es kein Wasser enthält. Statt es fertig zu kaufen (u. a. von Wasa, Burger oder Ikea), lässt es sich leicht selber herstellen.

Knäckebrot
120 g Mehl
100 g Haferflocken
75 g Sonnenblumenkerne
50 g Kürbiskerne
50 g Sesam
1 Prise Salz
2 EL Olivenöl
350 ml Wasser

Alle Zutaten miteinander verrühren. Blech mit Backpapier belegen und den Teig dünn darauf streichen. Die Masse reicht für zwei Bleche. Im vorgeheizten Backofen bei 170 Grad (Umluft: 150 Grad) 15 Minuten backen. Den Ofen nicht ausstellen. Blech herausnehmen und das Knäckebrot in Stücke schneiden, am besten mit einem Pizzaschneider. Später ist es zu hart und lässt sich nicht mehr schneiden. Noch einmal 40 Minuten backen, bis das Knäckebrot schön knusprig ist. Nach dem Erkalten vom Blech nehmen und trocken lagern.

Dass die traditionellen schwedischen Fleischbällchen **Köttbullar** inzwischen in ganz Deutschland bekannt sind, ist der Möbelhauskette IKEA zu verdanken, die sie in ihren Häusern als Imbiss anbietet. Sie werden ähnlich zubereitet wie Frikadellen, aber mit anderen Gewürzen. Außerdem werden sie in einer Sahnesoße mit oder ohne Champignons serviert.

Köttbullar

500 g Hackfleisch halb und halb
150 g gekochte Kartoffeln
2 Eier
2 Zwiebeln
100 g Semmelbrösel
100 ml Sahne
1 TL Salz
Pfeffer
Muskat
Öl (zum Braten)
Soße:
500 ml Gemüse- oder Fleischbrühe
200 ml Sahne
1 gehäufter EL Mehl
2 EL Mehl
Pfeffer
Salz

Das Fleisch gut durchkneten.
Semmelbrösel in der Sahne verrühren und aufweichen lassen.
Zwiebel sehr fein schneiden und in etwas Butter glasig schmoren.
Die gekochten Kartoffeln mit dem Kartoffelstampfer zerkleinern.
Alle Zutaten miteinander vermischen. Hände anfeuchten und kleine Kugeln formen.

Hackfleischbällchen in einer Pfanne in Öl rundum goldbraun braten.

Für die Soße eine Mehlschwitze machen und mit der Brühe ablöschen. Nachdem sie etwas eingekocht ist, die Sahne hinzufügen und mit Pfeffer und Salz abschmecken und aufkochen lassen.

Dazu schmecken Kartoffeln und Preiselbeeren.

Typisch schweizerisch

Schweiz
Fläche: 41.277 km²
Einwohner: 8.292.809
Einwohner pro km²: 200,9
Hauptstadt: Bern
Amtssprache: Deutsch (63,6 %), Französisch (19,2 %), Italienisch (7,6 %), Rätoromanisch (0,6 %)
Staatsform: Republikanischer Bundesstaat
Währung: Schweizer Franken
Internetkennung: .ch
Autokennzeichen: CH

Was ist typisch schweizerisch? (I)

In der Vorstellung nicht weniger Menschen, die außerhalb der schweizerischen Eidgenossenschaft leben, beschäftigen sich deren Einwohner vornehmlich mit der Produktion von Käse, Schokolade oder Uhren; immer wieder, so denkt man sich, tauchen korrupte Personen von nah und fern in dem – zu den kleinsten und ältesten Ländern der Welt zählenden – Staat auf, um ihr Geld in Koffern abzuliefern. Dazwischen warten jodelnde Heidis oder ein Alphorn spielender Senner. Doch abgesehen von Klischees und Vorurteilen hat die Schweiz neben prachtvollen Bergmassiven, klaren Gewässern, hübschen Städten und Dörfern einige Besonderheiten zu bieten, die wirklich typisch schweizerisch sind.

Schweizer Freiheitstradition und Sprache

Die Schweizer Eidgenossen: Warum sie sich so nennen? Das geht zurück auf den Rütlischwur, einen Eid, den die ersten Eidgenossen 1271 leisteten, indem man sich gegen die Habsburger Landesherren verbündete. Jedes Jahr am Nationalfeiertag, dem 1. August, wird des Rütlischwurs gedacht. Generationen von Schülern wurde das Ereignis durch Friedrich Schillers Wilhelm Tell nahegebracht.

Das Schweizerdeutsch als eine von vier Amtssprachen: „**Grüezi mitenand.**" Wohl jedes noch so kleine Örtchen hat seinen eigenen Dialekt – die Einheimischen können durch ihre Mundart sofort ihre Herkunft ziemlich genau identifizieren. Hochdeutsch hat in der deutschen Schweiz den Rang einer Fremdsprache. Übrigens sagt man in der Schweiz grillieren und nicht grillen und das Auto wird parkiert. Na dann: „**Uf Wiederluege.**"

Schweizer Literatur: Ihre erste Begegnung mit der Schweiz hatten viele Nicht-Schweizer bereits im Kindesalter durch **Johanna Spyris Heidi**, entweder als Buch oder durch eine der zahlreichen Verfilmungen. Heidi ist die Alpensaga schlechthin, in 50 Sprachen übersetzt und zig Millionen Mal verkauft. Weitere Schriftsteller, die über die Schweizer Grenzen hinaus Ruhm erlangt haben, sind **Friedrich Dürrenmatt, Max Frisch, Urs Widmer, Martin Suter, Peter Bichsel** und **Annemarie Schwarzenbach**. Der Stern am Komödiantenhimmel ist seit den 1970er-Jahren **Emil Steinberger**.

Die schweizerische Mentalität: Die Schweiz existiert als älteste Demokratie der Welt friedlich vor sich hin – dank der Kompromissfähigkeit der Bevölkerung und des Konkordanzsystems. Eidgenossen gelten als pragmatisch, nüchtern und fleißig. Dementsprechend ist das Land eher bekannt für hervorragende Geschäftsleute und gute Architekten. Freundlich und hilfsbereit, aber etwas distanziert – so seien die Schweizer. Ein starker Föderalismus ist dafür verantwortlich, dass in der Schweiz alles aus der lokalpolitischen Perspektive wahrgenommen wird: So mag die als überheblich und vorlaut geltenden **Zürcher** niemand so wirklich, vor allem die **Basler** nicht; Bernern sagt man nach, etwas träge und bedächtig zu sein, und die **Aargauer** sind das schweizerische Pendant zu den Ostfriesen in Deutschland, während die italienisch parlierenden **Tessiner** als ausnehmend temperamentvoll gelten. Der „Röstigraben" meint eine Art kulturelle Grenze, welche die deutsch- (eher konservative) und die französischsprachige (mehr urban und kosmopolitisch angehauchte) Schweiz voneinander trennt. Überall in der Schweiz gelten die Bewohner als sehr pünktlich und kommt ein Zug auch nur eine Minute zu spät, steht wildes Fluchen an der Tagesordnung. In der Regel kann man aber seine Uhr nach der Abfahrt der Züge stellen.

Schweizer Brauchtum: Schwingen ist der inoffizielle Nationalsport der Eidgenossen, dabei handelt es sich um eine Variante des Ringens – im Rahmen des alle drei Jahre stattfindenden Schwing- und Älplerfests kann man dieser Tradition, bei der nach absolviertem Ringen eine überdimensional große Kuhglocke herumgetragen wird, beiwohnen. Ein weiterer Nationalsport ist das **Hornussen**, eine schweizerische Abwandlung des Baseball-Spiels. Bekannt ist auch das von den Engländern importierte **Eispolo** in St. Moritz. Das **Zürcher Sechseläuten** findet im

April statt und soll den Winter austreiben, beim Morgestraich zum Auftakt der **Basler Fasnacht** wird nach dem Aschermittwoch montags um vier Uhr frühmorgens die Innenstadt komplett dunkel.

Schweizer Symbol: Das **weiße Kreuz auf rotem Grund** war ursprünglich ein eidgenössisches Erkennungszeichen und wurde später als Wappen übernommen. Seit 1889 ziert es offiziell die **Schweizerfahne** (hier heißt es nicht „Flagge"). Das Rote Kreuz auf weißem Grund als Symbol des internationalen Rettungsdienstes ist ebenfalls Schweizer Ursprungs. Henry Dunant hat es 1983 in seiner Heimatstadt Genf gegründet. Auch viele schweizerische Produkte erkennt man an dem Fahnenmotiv, wie zum Beispiel das **Schweizer Offiziersmesser** von den Firmen Victorinox oder Wenger. Die bedeutendsten Hersteller hochwertiger **Uhren** findet man in der Schweiz. Rolex ist die bekannteste Marke.

Die direkte Demokratie: In der Schweiz regiert das Volk, de jure verfügt sie über keinen Regierungschef und auch keine Hauptstadt. So wird selbst über Einzelfragen wie über die Müllsackfarbe abgestimmt. Dies täuscht aber nicht darüber hinweg, dass das Wahlrecht für Frauen erst 1971 eingeführt worden ist.

Schweizer Neutralität: Die Schweiz hat sich seit über 200 Jahren an keinem bewaffneten Konflikt zwischen anderen Staaten mehr beteiligt. Bekannter als das Schweizer Militär ist daher eher die **Schweizer Garde**, die im Vatikan so etwas wie die Hauspolizei darstellt, und das schon seit über 500 Jahren.

Schweizer Küche: Kulinarisch hat die Schweiz bis weit über ihre Grenzen Berühmtheit erlangt. Für die Schweizer stellt ihr **Nationalgericht**, das **Käsefondue**, eine ausgewogene Mahlzeit dar. Traditionell werden dazu diverse Käsespezialitäten wie Appenzeller, Emmentaler, Greyerzer und Tilsiter, eingeschmolzen und mit darin eingetauchten Brotstücken verzehrt.

Genauso beliebt ist das **Raclette**. Riesige Käselaibe werden auf einem Tischgrill angeschmolzen und der flüssige Käse heruntergeschabt. Oder man nimmt einen Racletteofen, in den man kleine Pfännchen mit Käsescheiben schiebt. Dazu gibt es Kartoffeln und Silberzwiebeln und Pfeffer. Eher etwas für die nicht-vegetarische Fraktion ist das **Bündner Fleisch**, luftgetrocknetes, mageres Rinderfleisch aus der Keule, das hauchdünn geschnitten wird. **Berner Rösti** und **Züricher Geschnetzeltes** sind ebenso verbreitet.

Als Nachspeise mundet dann ein Stückchen **Schokolade** von einem der bekannten Schweizer Schokoladenhersteller, zu deren bekanntesten Lindt und Toblerone gehören. Wer an Husten leidet, greift aber besser zu Ricola, den würzigen Kräuterbonbons aus der Schweiz. Das Birchermüsli aus Nüssen, Getreide und Jogurt stammt ursprünglich ebenfalls aus der Schweiz, Dr. Bircher hat dieses heilende Rohkostgericht einst kreiert.

(Elisabeth Pfurtscheller)

Gewusst?

Ein beträchtlicher Teil der Schweizer Berge ist ausgehöhlt: Über 8.000 Bunker dienen für Armee und Zivilschutz im Falle eines Kriegsereignisses. Diese sind raffiniert in die natürliche Umgebung integriert: Sie sehen aus wie altmodische Wohnhäuser oder verstecken sich hinter Felsen. Per Gesetz müssen alle Schweizer einen eigenen Luftschutzraum mit Luftfilter oder wenigstens Zugang zu einem solchen Raum haben – mit über 300.000 Schutzräumen sind alle Einwohner bei einem Angriff geschützt. Außerdem gibt es mehr als 1.500 Seen im Land und so ist man niemals mehr als 16 Kilometer von einem entfernt. Deshalb generiert die Schweiz auch 60 Prozent des Stroms mittels Wasserkraft. Und übrigens steht die Schweizer Luftwaffe ausschließlich zu den üblichen Bürozeiten zur Verfügung – ein Angriff vor acht Uhr am Morgen ist also nicht erwünscht. Übrigens gibt es weltweit lediglich zwei quadratische Landesflaggen, neben dem Vatikan hat die Schweiz eine solche: Bei den Olympischen Spielen ist aber eine rechteckige Ausgabe davon zu sehen, auch wenn eine Handelsflotte unter Schweizer Flagge in internationalen Gewässern fährt, wird die spezielle rechteckige „Schweizer Flagge zur See" verwendet. Außerdem verzeichnet sie den weltweit höchsten Konsum an Cannabis: Schätzungsweise werden jährlich an die 100 Tonnen Haschisch verraucht. In der Schweiz ist es per Gesetz verboten, Meerschweinchen einzeln zu halten – es müssen mindestens zwei sein. Aus diesem Grund gibt es auch spezielle Meerschweinchen-Vermittlungsagenturen, die für ein verwitwetes Tier einen Partner findet, wenn man kein neues kaufen möchte. Sollte das zweite Meerschweinchen auch sterben, ist es möglich, das gemietete wieder zurückzubringen. In der Schweiz befindet sich zudem der kleinste Rebberg der Welt – stolzer Besitzer der drei Reben des 1,67 Quadratmeter umfassenden La Vigne à Farinet im Wallis ist der Dalai Lama. Nur zwei Prozent des in der Schweiz konsumierten Weines werden exportiert. Die Mutter von James Bond stammt aus der Schweiz. Als Albert Einstein seine Relativitätstheorie publizierte, war er beim Patentamt Bern angestellt. In Bern gibt es einen Brunnen, den man als Kindlifresserbrunnen bezeichnet – den genauen Grund kennt man nicht.

Aus der Schweizer Küche ...

Ein großer Schweizer Verlag lädt jedes Jahr zahlreiche Buchhändler aus dem deutschsprachigen Ausland zu einem Kennenlern-Wochenende ein. Neben Verlagsbesichtigung und Ausflug in die Schweizer Bergwelt ist auch für das leibliche Wohl gesorgt. Als alle zu Tisch sitzen und das Essen aufgetragen wird, seufzt ein Mitarbeiter des Verlages: „Seit über zehn Jahren veranstalten wir nun schon diese Treffen, und seit über zehn Jahren gibt es **Berner Rösti** und **Zürcher Geschnetzeltes.**" Man will seinen ausländischen Gästen schon etwas Typisches anbieten.

Berner Rösti ist ein aus grob geriebenen gekochten Kartoffeln bestehender Fladen, der in der Bratpfanne in Butterschmalz zugedeckt gebraten wird.

Unter Zürcher Geschnetzeltem versteht man geschnetzeltes Kalbfleisch in einer leckeren Soße mit Weißwein und Champignons.

Als das eigentliche Nationalgericht der Eidgenossen muss aber das **Käsefondue** bezeichnet werden. Heute kann die Käsemasse für ein zünftiges Fondue in jedem Supermarkt gekauft werden. Doch viel mehr Spaß macht es, dieses erst seit den 1950er-Jahren in der Schweiz verbreitete Gericht selbst zuzubereiten.

Käsefondue für 4 Personen
2 Baguettestangen
300 g Gruyère Käse, fein gerieben
300 g Schweizer Emmentaler, fein gerieben

2 halbe Knoblauchzehen
300 ml Weißwein
1 EL Speisestärke
2 EL Kirschwasser
weißer Pfeffer
1 Msp. Paprikapulver edelsüß
1 Msp. Muskat

Die Fonduekachel mit einer halben Knoblauchzehe ausreiben. Den Weißwein in den Topf gießen und auf dem Herd bei niedriger Hitze langsam erwärmen. Wenn der Wein heiß ist, den Käse nach und nach hineingeben und unter ständigem Rühren langsam schmelzen lassen. Die andere halbe Knoblauchzehe pressen oder ganz klein hacken und mit in den Topf geben. Kirschwasser und Speisestärke miteinander verrühren und mit dem Käse unter Rühren aufkochen lassen.

Die Flamme im Rechaud anzünden. Das Fondue mit Paprika, Pfeffer und Muskat abschmecken. Die Brotstückchen auf Fonduegabeln spießen, in die Käsemasse eintauchen und genießen.

Was ist typisch schweizerisch? (II)

Direkte Demokratie und Meinungsäußerungsfreiheit sind die wichtigsten Grundsäulen der Schweiz. Nur gehen manchmal auch andere Prinzipien vor. Dies musste eine Holländerin erfahren, welche sich gegen Kuhgeläute gewehrt hatte, weshalb ihr in der Gemeinde zweimal die Einbürgerung verwehrt wurde. Daraus abzuleiten,

Kuhglockengeläute gehe den erwähnten Grundprinzipien vor, wäre allerdings zu vermessen.

Zum besseren Verständnis der schweizerischen Eigenart seien folgende geschichtlichen Ereignisse hervorgehoben: Die verlorene Schlacht bei Marignano am 14. September 1515 in der kriegerischen Auseinandersetzung zwischen den Eidgenossen und dem Königreich Frankreich um das Herzogtum Mailand, das von den Eidgenossen zeitweise beherrscht wurde, beendete die Expansionsbestrebungen der Eidgenossenschaft. Deren Doktrin war fortan, sich „nicht mehr in fremde Händel" einzumischen.

1803 wurden im Zuge der Napoleonfeldzüge durch die Schweiz alle Untertanengebiete zu gleichberechtigten Kantonen erhoben.

1815 wurden im Wiener Kongress die äußere Grenze der Schweiz und deren Neutralität anerkannt.

1848 erhielt die Schweiz eine Bundesverfassung, welche erst vor einigen Jahren erneuert wurde.

Föderalismus, Neutralität und die Doktrin, sich nicht in fremden Ländern einzumischen und sich bis zu einem gewissen Grad zu isolieren, sind die Doktrin der Schweizer Politik bis zum heutigen Tag geblieben. Die Schweiz ist ein Mehrvölkerstaat. Deutsch-, Französisch-, Italienisch- und Romanischsprachige leben in einem Staat zusammen. Gemeinden und Kantone sind relativ autonom. Kontinuität und Stabilität zeichnen die Schweiz seit 1848 aus. Erst 1971 wurde das Frauenstimmrecht eingeführt.

Vor diesem Hintergrund sind viele Eigenarten erklärbar, so, dass die Schweiz außenpolitisch neutral bleiben will, dem „principe de l'oportunité" treu bleibt, der EU fernblieb und teils langwierige Entscheidprozesse erleiden muss, weil die einzelnen Regionen und die sprachlichen Minoritäten Entscheidungen mitzutragen haben. Sie ist relativ bewahrend und konservativ – Eigenschaften, welche ihre Stärken und zugleich ihre Schwächen ausmachen. So ist sie absolut kein Experimentierlabor und Neues darf sich durchaus vorerst im Ausland bewähren, bevor es in der Schweiz für gut befunden wird. Andererseits sind die Verlässlichkeit der Schweiz, ihre Kontinuität und Stabilität und die Tatsache, dass sie vor Unruhen und Kriegen verschont blieb, Hauptgründe für den sprichwörtlichen Wohlstand dieses ursprünglich sehr armen Landes ohne Bodenschätze. Dabei mag ihre geostrategische Lage im Zentrum Europas ebenso eine Rolle für ihre Prosperität gespielt haben, wie auch eine hohe Produktivität und das verhältnismäßig reibungslose Funktionieren von Staat und Wirtschaft. Es darf aber nicht heruntergespielt werden, dass in der Schweiz debattiert und gestritten wird wie in anderen Ländern auch.

Bei alledem ist festzustellen, dass das Klima dieses Landes durchaus fruchtbar ist für das Wachstum von freiem Geist, Kreativität und Entdeckertum. So hat schon die Reformation wesentliche Impulse durch den Genfer Calvin und den Zürcher Zwingli und die Französische Revolution durch Jean-Jacques Rousseau erhalten. Henry Dunant war der Gründer des Roten Kreuzes. 28 Nobelpreisträger vorwiegend aus Chemie und Medizin waren Schweizer. Das Land rangiert laut Statistik des

EPA bei den Patentanmeldungen weltweit auf dem sechsten Platz, nach den viel größeren Nationen USA, Deutschland, Japan, Frankreich und China. Piccard war der erste Weltumfahrer mit einem Heißluftballon, sein Großvater Träger des Tiefseetauchrekordes, und Bertarelli hat mit seiner Alinghi einige Male den America's Cup, die prestigeträchtigste Hochseeregatta der Welt, gewonnen, obwohl die Schweiz ein Binnenland ist. Sie produziert mithin nicht nur „Kuckuck clocks", aber auch solche nebst Rolexuhren und Swatches. Die chemische und die Präzisionsindustrie sind Weltspitze. Der längste Eisenbahntunnel der Welt führt durch den Gotthard, ist 57 km lang und in nur 17 Jahren, ein Jahr früher als geplant, fertiggestellt worden. Die Schweiz ist in Sachfragen sowie im administrativen Bereich durchaus zupackend und pragmatisch. Deutsche Politiker haben angesichts der Probleme mit dem neuen Flughafen Berlin oder dem Bahnhof Stuttgart 21, mittlerweile heißt es Stuttgart 25, die Eröffnung des Gotthardtunnels wehmütig zu Kenntnis genommen.

All dies sind die Gründe, weshalb die Schweiz im Ausland manchmal bewundert, mitunter aber auch belächelt wird. Hin und wieder spürt man auch einen gewissen Neid durchschimmern.

Die Deutschschweizer sind ähnlich wie die Deutschen und doch anders. Sie sind Südalemannen und sprechen Schweizerdeutsch, einen südalemannischen Dialekt. Die französischsprechenden Welschschweizer verwenden ein Französisch wie die Franzosen jenseits des Jura, allerdings mit gewissen Abweichungen im Wortgebrauch, die

Tessiner sprechen wie die Italiener in der Lombardei und im Piemont, wobei selbst ihr Dialekt jenen Mundarten gleicht. Im Rätoromanischen gibt es vier Hauptdialekte, die alle mit den Dialekten im Friaul und den Dolomiten verwandt sind. Doch im Gegensatz zu jenen in Italien sind sie als vierte offizielle Landessprache der Schweiz, Rätoromanisch, anerkannt, werden in der Schule unterrichtet und haben eine eigene Presse, eigenes Radio und Fernsehen. Diesbezüglich ist die Schweiz das Land der feinen Unterschiede und dies streichen ihre Bewohner auch gerne hervor. „Es ist in jedem Kanton verschieden", erklären Schweizer als Erstes auf die Frage, wie etwas in der Schweiz läuft.

Vereinfacht gesagt ist das Land eine direkte Demokratie auf drei Stufen, Gemeinden mit relativer Gemeindeautonomie, Kantonen und Bund. Gewählt werden auf Bundesebene nur die zwei Legislativkammern des Parlamentes, nicht aber die Minister, oder ein Präsident. Erstere werden von den zwei Bundeskammern gewählt. Den Bundespräsidenten wählen die Minister unter sich im Einjahresturnus. Die Minister, Bundesräte genannt, werden proportional zu den Parteistärken gewählt, möglichst aus allen Regionen der Schweiz, aus möglichst allen Sprachgebieten und neu sollen möglichst gleich viele Frauen wie Männer Bundesrätinnen und -räte werden, was bei sieben Mitgliedern allerdings nicht gelingen kann. So lautet die sogenannte Zauberformel. Damit sollen jede Partei, jedes Sprachgebiet, jede Region und jedes Geschlecht an der Regierung beteiligt sein und es soll zur Zufriedenheit aller regiert werden. Populistische Regierungen werden somit faktisch verunmöglicht. Aber es gibt auch keine starke Oppositionspartei. Widerstand erfolgt meist nur von kleinen, nicht an der Regierung beteiligten Splitterparteien. Das Schweizervolk stimmt auf kommunaler, kantonaler und selbst auf Bundesebene über viele Sachfragen direkt ab. Auf Bundesebene ist in der letzten Zeit über „Grundlohn für alle", das „Recht der Kühe, Hörner zu tragen", den Bundesbeschluss über die Velo- sowie Fuß- und Wanderwege, die „Fairfood-Initiative", über „für Schweizer Recht statt fremde Richter" usw. abgestimmt worden. Man sieht, es geht dabei nur zum Teil um Weltbewegendes.

Meist funktioniert der Staat so gut wie die Schweizerischen Bundesbahnen oder eine Omega Uhr. Sand im Getriebe scheut der Schweizer wie der Teufel das Weihwasser. Und das wissen auch viele Ausländer zu schätzen. Sie betrachten die Schweiz als „safe haven", für sich und ihr Geld. Arbeitnehmer aus dem Ausland sehen, dass die Schweizer Lohntüte, oder das „Lohnsäckli", wie der Schweizer sagt, besser gefüllt ist als jene in ihrem Heimatland. Später, nach der Übersiedlung merken sie dann, dass die Lebenskosten auch viel größere Löcher ins „Säckli" hineinreißen als da, wo sie herkommen. Trotzdem bleibt die Schweiz auch ein Immigrationsland. Sie hat weltweit einen der höchsten Ausländeranteile überhaupt. Hier wohnen bei einer Totalbevölkerung von neun Millionen über zwei Millionen Ausländer, das sind gegen 25 Prozent, wovon auch ein guter Teil aus Deutschland stammt.

Für Deutsche erscheint die Schweiz besonders attraktiv, weil sie sprachlich und kulturell sehr ähnlich ist.

Der Einwanderer aus Deutschland darf aber die Unterschiede doch nicht unterschätzen. Zwar spricht jeder Schweizer einigermaßen Schrift-, wenn auch nicht Hochdeutsch, aber selbst sprachlich gibt es Missverständnisse. Wenn der Schweizer sich der Schriftsprache bemüht und bei seiner samstäglichen Einkaufstour in Konstanz oder Lörrach (D) die Verkäuferin fragt: „Könnt ich noch en Sack haben?", weiß diese nicht, was gemeint ist, und antwortet nach langem Zögern und Zaudern: „Ach so, ne Tüte." Für den Schweizer gibt es mehr Säcke als für den Deutschen, so ist das Taschenmesser ein „Sackmesser", die Hosentasche „dä Hosesack". Deutsche in der Schweiz verstehen am Anfang nichts, wenn der Schweizer sagt: „I gang go poschte", oder sie meinen, der Schweizer gehe auf die Post, aber dieser will sagen, er gehe einkaufen. „Kittel" ist für den Schweizer kein Übergewand für die Arbeit, sondern ein Sakko. Aber das sind noch die kleineren Probleme, die dem Deutschen in der „Diaspora" widerfahren. Viele Deutsche mögen ihre neue Wahlheimat, aber häufig hört man sie auch klagen, die Schweizer seien nicht so offen und direkt, sie seien verklemmt, duckmäuserisch und sie laden Gäste aus dem Ausland nicht schnell zu sich ein, sie seien nicht großzügig und blieben lieber unter sich. Dies mag zum Teil zutreffen. Sicher sind die Schweizer nicht so direkt wie die Deutschen, sie sind vielleicht auch sprachlich gehemmter, weil Deutsch für sie fast so etwas wie eine Fremdsprache ist und sie sich auf Hochdeutsch schwerfälliger ausdrücken. Sie sind oftmals auch eher bescheiden und zurückhaltend, was negativ aufgefasst werden kann. Dafür zeigen sie, wenn sie das nötige Kleingeld dafür besitzen, ihre extravertierte Seite am Sonntagmorgen, beim Ausführen der Pferde ihrer Kutschen auf den nicht temporegulierten süddeutschen Autobahnen oder bei ihren samstäglichen Einkaufsorgien in deutschen Supermärkten zum Leidwesen der Einheimischen. Seit einiger Zeit nimmt die Kaufkraft des Schweizer Frankens allerdings wieder etwas ab, die Schweizer sind endlich weg, aber schon vermissen die Deutschen sie.

Schweizer duzen sich schnell und manch ein Deutscher ist überrascht, wenn ihm plötzlich das Du angetragen wird. Richter und Anwälte duzen sich, manchmal selbst in Gerichtspausen. Allgemein ist der Umgang mit Ämtern eher formloser als in Deutschland. Ämter sind oft kooperativer und kundenfreundlicher und entwickeln häufig einen Helferinstinkt, was bei Übersiedlern gut ankommt. Besondere Ämter, wie die Wirtschaftsförderungs- und Steuerämter, welche Steuererleichterungen für Neuinvestoren gewähren, leisten dazu einen wesentlichen Beitrag.

Der Schweizer liebt, vielleicht, weil sein Land so klein ist, den Diminutiv: „Hüüsli" für Toilette; „Gärtli" für Garten; „mini Chli", meine Kleine, benannten sie früher oft ihre Freundin.

In den Halbkantonen Appenzell besteht ein Nacktwanderverbot. Der Straftatbestand ist „unanständiges Benehmen". Der Kanton Appenzell-Innerroden ist gut katholisch und eben kein FKK-Strand.

Bis vor Kurzem musste in jedes neugebaute Einfamilienhaus ein Atombunker eingebaut werden.

Der militärpflichtige Schweizer nimmt nach dem jährlichen Wiederholungskurs sein halbautomatisches Sturmgewehr mit Munition in einer bierdosenähnlichen Verpackung nach Hause und stellte bis vor einigen Jahren beim Warten auf den Zug sein Gewehr vor das Bahnhofbuffet, während er drinnen mit Kollegen sein Bier genoss.

Wanderwege werden mit Luftgebläse gereinigt.

Auf dem Land ist in Hofläden der Selbstzahlungsverkauf ohne Kontrolle basierend auf Vertrauensprinzip üblich.

Die Schweizerfahne ist quadratisch und nicht rechteckig wie die Flaggen sonst überall in der Welt.

Die Schweiz ist verbunden mit dem weiblichen Artikel, wie z. B. die Türkei und die Mongolei.

Volksabstimmungen auf Gemeindeebene und in einigen Kleinkantonen erfolgen in der Vollversammlung des Volkes durch Handerheben. Im Kanton Appenzell-Innerrhoden weist sich der Stimmbürger für die sogenannte Landsgemeinde, die auf dem Dorfplatz in Appenzell stattfindet, mit dem Säbel (Degen) aus.

Diese anekdotische Kurzliste zeigt vieles über den Charakter dieses Landes und dessen Bewohner auf, es gäbe darüber noch vieles zu berichten. Hier wurde nur ein kurzer Überblick gegeben.

Der einleitend beschriebenen Holländerin ist die Einbürgerung in der Schweiz dann doch noch gelungen.

Sie feierte ihren Sieg gegen die Engstirnigkeit, indem sie sich, jetzt Schweizerin, eine Kuhglocke umhängte und an ihrem Hals baumeln ließ und stolz den Schweizerpass in der Hand hielt. Sie wurde damit zur richtigen Schweizerin. Ihre Meinungsäußerungsfreiheit war also doch gewährleistet.

(Jürg Kugler)

Typisch slowenisch

Slowenien
Fläche: 20.273 km²
Einwohner: 2.102.126
Einwohner pro km²: 103,7
Hauptstadt: Ljubljana (Laibach)
Amtssprache: Slowenisch
Staatsform: Parlamentarische Republik
Währung: Euro
Internetkennung: .si
Autokennzeichen: SLO

Was ist typisch slowenisch?

Woran denkt man bei Slowenien als Erstes? So einigen fällt spontan nicht einmal der Name der Hauptstadt des kleinen Staates ein: Ljubljana. Und so manche betrachten das Land vermutlich auch nur als eines von mehreren, die mit dem Niedergang der Sowjetunion plötzlich auftauchten – sich aber irgendwie alle kaum unterscheiden lassen. Wer Slowenien aber einmal besucht hat, weiß, dass das österreichische Nachbarsland viel zu bieten und wenig mit seinen typischen Vorurteilen zu tun hat. Und das erkennen immer mehr: Slowenien wird als Urlaubsdestination nämlich immer beliebter und ist außerdem – abgesehen von seiner Lage am Balkan – ein eher westliches Land. Was aber ist nun typisch slowenisch und was ein Klischee? Werfen wir zunächst einen Blick auf die Geschichte.

Gemeinsame Vergangenheit mit der Slowakei
Zwar sind Slowenien und die Slowakei nicht das gleiche, doch haben die beiden Staaten in der Geschichte lange eine Einheit gebildet. Als die Magyaren – die Ungarn – sich dazwischen niederließen, wurde in den beiden Teilen der einstigen Einheit wortwörtlich nicht mehr dieselbe Sprache gesprochen. So ist das Slowenische heute eine Mischung aus mitteleuropäischen Einflüssen und Elementen des Balkans – und das gilt wohl auch für Slowenien an sich.

Erst mit Beginn der Österreich-Ungarischen Monarchie erfolgte eine Reunion mit der Slowakei, und daraus resultieren auch einige kulturelle Gemeinsamkeiten. Und ebenfalls aus dieser Zeit stammt möglicherweise der Ursprung, warum manche speziell die Slowenen als überordentlich beschreiben – auf jeden Fall ist der Staat seither westlich geprägt. Das gilt eben auch in Sachen Pünktlichkeit: Die Slowenen legen darauf nämlich größten Wert – und sollen hier den Deutschen kaum nachstehen. Das trifft – entgegen der herrschenden Meinung vieler – übrigens auch auf den öffentlichen Verkehr zu. Auf Busse ist in dem Land Verlass – übrigens generell: Denn das Netz ist hier sogar so weit ausgebaut, dass man selbst ohne eigenes Gefährt fast alle Orte im Land problemlos erreichen kann, das allerdings auch nicht sehr groß ist.

Klein, aber äußerst fein
Zwar zählt der Staat nicht zu den größten in Ost- und Südeuropa, das trägt aber wohl auch zu seinem besonderen Flair bei. So beherbergt Slowenien auf seinen 20.273 Quadratkilometern Fläche lediglich 2,1 Millionen Menschen – und mehr als 200.000 davon leben in der

Hauptstadt. Diese ist jedenfalls besonders bekannt für ihre quirlige Altstadt, außerdem sind jedes Jahr unzählige kulturelle Veranstaltungen ein Anziehungspunkt für Besucher. Und auch die abwechslungsreiche Landschaft begeistert viele: (Berg-)Seen, Flüsse, Höhlen und Alpen prägen Slowenien – auch alles vereint im bekannten Nationalpark Triglav. Außerdem sind die pittoresken Küstenorte, wie etwa Portoroz, bei Touristen beliebt. Dort lässt sich – wie überall im Land – mit Blick aufs Meer besonders gut speisen und edle Tropfen genießen.

Kulinarische Köstlichkeiten
Zu Recht und besonders stolz sind die Slowenen nämlich auf ihren herrlichen Wein und ihren hervorragenden Fisch, der vor allem in den Hafenstädten Gourmets begeistert. Doch durch das gesamte Land unternehmen Genussliebhaber kulinarische Reisen: Aufenthalte in sonnigen Weinbauregionen sind dabei ebenso fixer Bestandteil wie etwa der Besuch des Schokoladefestivals oder das Verkosten der bekannten Krainer Wurst oder der Potica – kulinarischen Genuss zelebriert man hierzulande nämlich kaum wie sonst irgendwo auf der Welt. Und auch Gastfreundschaft wird in Slowenien großgeschrieben – das gilt ganz besonders für Urlauber aus der EU. Mitglied der Europäischen Union sind die Slowenen nämlich sehr gern und ihre westlichen Nachbarn mochten sie schon immer sehr. Eine große Schwäche haben die Slowenen aber wohl auch für Bienen.

Land der Bienenfreunde
Denn in dem kleinen Land gibt es 90.000 Imker – das ist angesichts der Gesamteinwohnerzahl von rund 2 Millionen eine

stolze Zahl. Vier von 1.000 Slowenen halten laut Angaben des slowenischen Imkerbundes ihre eigenen Bienen. Die Zahl in Deutschland liegt nicht einmal halb so hoch. Man könnte auch sagen, dass die Imkerei ein wesentlicher Bestandteil der Identität Sloweniens ist. Bienen gedeihen hier auch aufgrund der vielen Wälder und Wiesen und des günstigen kontinentalen Klimas besonders gut. Sogar in der Hauptstadt gibt es Hotels, die mit ihren eigenen Bienenstöcken werben. Außerdem konnte sich die slowenische Regierung bei den Vereinten Nationen dafür eingesetzt, den Weltbienentag einzuführen: Seit 20. Mai 2018 wird dieser nun gefeiert. Und auch wer Bienen-Wellness erleben möchte, sollte das kleine Land unbedingt besuchen: Apitherapie nennt sich dieser Trend. Dabei liegen Interessierte in einem Imkerhäuschen auf einer Liege. Mit Schlauch und Atemmaske versehen, wird dann etwa 45 Minuten lang die Luft direkt aus einem Bienenstock inhaliert. Ein enges Gitter sorgt dafür, dass es zu keinem direkten Kontakt mit den Bienen kommt. Die Wirkung erklärt sich aus den Spuren von Wachs, Propolis und Pollen in der Luft aus dem Bienenstock – das beruhigt die Atemwege und soll außerdem bei Bronchitis und Lungenentzündung lindernd wirken. Entspannend ist das Geräusch des niederfrequenten Brummens aus den Tiefen des Bienenstocks auf jeden Fall.

Der typische Slowene ist ein angenehmer Zeitgenosse
Man sagt den Slowenen nach, dass sie eher ruhig-konservativ sind, dabei aber sehr selbstbewusst und aufgeschlossen. Dazu passieren ihre tolerante Haltung und große Gastfreundlichkeit. So wundert es nicht, dass Slowenien im jährlichen „Global Peace Index" 2019 den achten Platz von insgesamt 163 einnimmt.

Gewusst?

Slowenien hat weltweit die größte Anzahl an Höhlen im Vergleich zu seiner Größe. Außerdem kommt auf 70 Einwohner ein Weingut oder ein Weinberg. Slowenien ist es als einziges Land, das nach der Euro-Einführung ein EU-Mitglied wurde, gelungen, schon 2007 auf die gemeinsame Währung umzustellen. An der slowenischen Drau wächst die älteste Weinrebe weltweit: Der „Blaue Kölner" ist eine unverkäufliche Rarität – jährlich füllt man rund 100 Flaschen ab. Slowenien ist das drittwaldreichste Land in Europa: Knapp 60 Prozent des Landes sind von Wäldern bedeckt – und jedes Jahr pflanzt man mehr als 1.200.000 weitere Bäume, was den Waldanteil noch erhöht. Außerdem hat Slowenien eine der größten Braunbär-Populationen in Europa: 500 bis 700 Exemplare sollen dort leben. Slowenien kann außerdem mit zahlreichen kulinarischen Festivals aufwarten: So gibt es das Salinen- und das Krautfest, den Bohnentag und den Kastaniensonntag. Wer schon immer in einer Gefängniszelle übernachten wollte, kann das in Ljubljana tun: Das Hotel Celica ist ein umfunktioniertes Militärgefängnis, das nun komfortable Gästezellen zu bieten hat. In dem Städtchen Žalec löscht Europas einziger Bierbrunnen den Durst seiner Besucher: Sechs Mikrobrauereien laden am Brunnen zum Verkosten ein – das funktioniert aber nur mit einem speziellen Glas, in das maximal ein Deziliter Bier je Sorte passen. Und im Skigebiet Krvavec ist es möglich, sein Dinner bei Kerzenschein in einer Skigondel zu genießen. Übrigens stammt die Ehefrau von Donald Trump aus Slowenien: Sie wuchs in Sevnica auf, als Slowenien noch zu Jugoslawien gehörte. Damals hieß sie Knavs mit Nachnamen. Sie ist erst die zweite First Lady, die nicht in den USA geboren wurde.

(Redaktion reisebuch.de)

Aus der slowenischen Küche …

Slowenien liegt zwischen Italien, Österreich, Ungarn und Kroatien. Die kulinarischen Einflüsse – Nudeln, Strudel und Fleischgerichte – sind im ganzen Land spürbar. Umgekehrt denkt in Österreich wohl niemand darüber nach, dass die beliebte Krainer Wurst (Kranjska Klobasa) ihren Ursprung im heutigen Slowenien hat.

Wie viele Nationalgerichte hat sich der **slowenische Heidensterz** aus einem früheren Arme-Leute-Essen entwickelt. „Heiden" ist die Österreichische Bezeichnung für Buchweizen, der in Slowenien sehr verbreitet ist.

Ajdovi žganci (Heidensterz) für 4–5 Personen
1 l Wasser
2 TL Salz
300 g Buchweizenmehl (Heidenmehl)
100 g Speckwürfel
Schmalz

Salzwasser und Schmalz in einem Topf aufkochen. Buchweizenmehl auf einmal dazugeben und mit dem Kochlöffel so lange formen, bis ein großer Mehlklumpen entstanden ist. Diesen mit etwas Kochwasser vorsichtig übergießen. Bei wenig Hitze mit Deckel ca. 20 Minuten quellen lassen. Das Wasser abgießen und auffangen. Den Sterzklumpen mit zwei Gabeln zerteilen. Wieder ein wenig von dem Kochwasser zugießen und die Masse mit der Gabel auflockern, bis gleichmäßige

Klümpchen entstehen. Etwas Schmalz erhitzen, Speckwürfel darin knusprig braten und den Sterz damit durchrösten.

Dazu schmeckt Sauerkraut mit Wurst oder Fleisch, der Heidensterz kann aber auch als Einlage in einer Brühe oder Suppe gegessen werden.

Typisch spanisch

Spanien
Fläche: 505.370 km²
Einwohner: 49.331.076
Einwohner pro km²: 97,6
Hauptstadt: Madrid
Amtssprache: Spanisch (Kastilisch), Baskisch (regional), Galicisch (regional), Katalanisch (regional)
Staatsform: Parlamentarische Monarchie (seit 1978)
Währung: Euro
Internetkennung: .es
Autokennzeichen: E

Was ist typisch spanisch? (I)

„Spain is different!"

Spanien ist anders: Unter diesem Motto gelang es dem faschistischen General Franco bereits in den frühen 60er-Jahren, den Tourismus des Landes voranzutreiben. Bekanntermaßen unterscheidet sich die spanische Lebensart in vielen Bereichen tatsächlich von der deutschen Mentalität. Doch was ist nun wirklich typisch für Spanien?

Spanien – vor allem die Baleareninsel Mallorca – zählt unumstritten zu den liebsten Urlaubsdestinationen der Deutschen, und die meisten wissen über die typischen Besonderheiten und Klischees in Bezug auf Land und

Leute Bescheid: Mentalität und Lebensart von Spaniern und Deutschen sind in mancher Hinsicht wirklich sehr unterschiedlich. Das liegt größtenteils aber auch daran, dass im Süden ein völlig anderes Klima als in unseren Breitengrad herrscht; in diesem Zusammenhang tritt gleich ein weiteres Klischee auf, das häufig doch der Realität entspricht: Die Menschen im Norden agieren – im Vergleich mit den heißblütigeren, mitunter chaotisch anmutenden Südländern – kühler und zurückhaltender.

Die typisch spanische Gelassenheit:
Doch auch wenn Spanier als feuriger gelten als die Deutschen, ihr Lebensrhythmus ist im Vergleich zu Deutschland deutlich langsamer und gemächlicher. So schnell lässt man sich nicht aus der Ruhe bringen. Während bei uns „Was du heute kannst besorgen, das verschiebe nicht auf morgen" gilt, hört man in Spanien oft „mañana", das für morgen steht, aber auch übermorgen oder der darauffolgende Tag heißen kann. Mit Stress, Eile oder Zeitdruck können sich Spanier nämlich nicht anfreunden.

Ohne Siesta geht gar nix:
Spanien ist bekannt für die lange Mittagsruhe und den Spaniern haftet daher auch das Vorurteil des faulen Südländers an. Allerdings ist zu bedenken, dass die Siesta im Sommer aufgrund der Hitze auch notwendig ist. Oft steht man deshalb zwischen 13:30 bis mitunter 17:00 Uhr vor verschlossenen (Geschäfts-)Türen. Im Winter findet die Siesta jedenfalls nicht statt, weil die Temperaturen dann kühler und leichter zu ertragen sind. Längst haben außerdem in Büros und Supermärkten Klimaanlagen Einzug gehalten, die dafür sorgen, dass auch im Sommer

nicht immer Siesta gehalten wird. Typisch spanisch ist die Siesta aber trotzdem. Geschäfte haben im Gegenzug außerdem meistens am Abend auch länger geöffnet.

Spanier sind unüberhörbar:
Laut sind Spanier wirklich, das kann wohl jeder bestätigen, der sich in einem spanischen Café schon einmal gefragt hat, ob sich die Mädelsrunde am Nachbarstisch nun gerade streitet oder doch nur Neuigkeiten austauscht. Generell sparen Spanier nicht an Lautstärke und Gestik, wenn sie sich miteinander unterhalten – und es gilt tatsächlich: Wer am lautesten spricht, der gewinnt. Das heißt aber nicht, dass es sich um einen Streit handelt. Interessantes Detail: Spanisch ist die am schnellsten gesprochene Sprache der Welt. Übrigens klingt das Deutsche in spanischen Ohren sehr hart und mitunter auch aggressiv. Und laut sein dürfen in Spanien auch die Kinder, es stört niemanden, wenn die Kleinen lautstark toben, egal zu welcher Uhrzeit. Aber nicht nur die Gespräche der Spanier sind unüberhörbar, auch Mülltonnen werden mitunter nachts geleert oder die Musikkappelle spielt bis in die frühen Morgenstunden – ein hoher Lärmpegel herrscht in vielen Bereichen des Alltags und keiner scheint sich daran zu stören. Nicht umsonst belegt Spanien Platz 2 der lautesten Länder der Welt.

Gegessen wird spät:
In Spanien stellt das Abendessen die Hauptmahlzeit dar und es wird richtig geschlemmt. Dazu versammeln sich die Spanier frühestens um 20:00 Uhr, meistens erst gegen 22:00 Uhr, um gemeinsam mit Freunden und der Familie – auch die Jüngsten sind selbstverständlich dabei

– Brot, Aioli, Serrano-Schinken, Paella, das Nationalgericht Tortilla de Patata (Kartoffelomelette) oder Tarta da Santiago, dem typischen Mandelkuchen mit Jakobskreuz, zu verzehren. Fehlen dürfen außerdem Vino tinto, Cerveza oder Sherry nicht. Leichte Kost gibt es hingegen morgens (z. B. Churros – Ölgebäck) und mittags – das hängt aber natürlich auch mit dem Klima zusammen: Auch in Deutschland würde man bei 41° C im Schatten um 13:30 Uhr keinen Schweinebraten verzehren.

Nationalhymne ohne Text:
Die Marcha Real hat keine Worte und ist eine der ältesten Nationalhymnen in Europa. 2008 bestanden Bestrebungen, das zu ändern, damit Sportler bei wichtigen Wettkämpfen ihre Hymne singen können – im Rahmen eines Bewerbs fanden sich sogar mehr als 7.000 Textvorschläge, doch die Öffentlichkeit lehnte diese Idee, bevor es zur Siegerehrung kam, ab und so singen die spanischen Sportler die Marcha Real bis heute ohne Text.

25.000 Fiestas pro Jahr:
Man sagt den Spaniern nach, dass sie gesellige Genussmenschen sind und gerne feiern – das muss wohl stimmen, betrachtet man die unglaubliche Zahl von 25.000 Fiestas jährlich. Diese werden zu Ehren der regionalen Schutzheiligen veranstaltet. Der typische Spanier verbringt gerne Zeit mit seinen Mitmenschen – die Freizeit wird meistens gemeinsam, mit der Familie, Nachbarn und Freunden, verbracht. In der Regel trifft man sich aber nicht zu Hause, sondern in Restaurants, Bars oder bei einer Fiesta.

Familie und Freunde stehen an erster Stelle:
Selten definieren sich Spanier über ihre Karriere, für ihre Identität bestimmend sind die Familie und das Umfeld. Die Familie lässt sich in Spanien durchaus als Heiligtum bezeichnen – am meisten Zeit wird mit der Familie verbracht. Kinder lieben die Spanier und entlocken ihnen immer mindestens ein Lächeln, vor allem Frauen streicheln auch fremden Kleinkindern gerne über den Kopf. Generell werden Beziehungen sorgfältig gepflegt und beinahe alles unternimmt man gemeinsam mit anderen. Der typische Spanier schafft sich gerne eine Umgebung, in der er sich wohlfühlt – in der Familie und mit Freunden. In Spanien ist man jemand, wenn man einer Gruppe angehört – egal ob unter Nachbarn, im Beruf oder in bei Freizeitaktivitäten. Das Zusammengehörigkeitsgefühl in Spanien ist so groß, dass viele selbst zur Beerdigung der Eltern eines Arbeitskollegen gehen, welchem sie nicht sehr nahestehen. Generell gilt, dass zwar jeder für sein Tun verantwortlich ist, bei einer Entscheidung wird das Interesse der Gruppe aber immer berücksichtigt.

Besondere Tage:
In Spanien macht man „Aprilscherze" traditionell am 28. Dezember, dem Tag der unschuldigen Kinder, Weihnachtsgeschenke haben die Heiligen drei Könige, am 6. Januar, im Gepäck. und Unglück bringt nicht ein Freitag, sondern ein Dienstag, der 13.

Unpünktlichkeit ist kein Problem:
Im Gegensatz zu den Deutschen sind Spanier nicht dafür bekannt, großen Wert auf Pünktlichkeit zu legen. Bei Verabredungen ist eine Verspätung also kein Problem

– mehr als 30 Minuten sollten es aber nicht sein, das gilt auch in südlicheren Breitengraden als nicht sehr höflich.

Beliebteste Spirituose:
Keineswegs ist Sangria das Nationalgetränk der Spanier, wie es Ballermann-Touristen und Co gerne vermuten – Spanien ist nämlich das Land mit dem höchsten Gin-Konsum pro Kopf in Europa.

Fans von Lebensmittelschlachten:
In Spanien liebt man Lebensmittelschlachten, sofern diese der Tradition dienen – anderenfalls ließen sich die Feste „Tomatino" und „Batalla de Vino" wohl nicht erklären. Tomaten in rauen Mengen, nämlich 125.000 Stück, werfen die Spanien stets am Mittwoch in der letzten Woche im August. Bei der Weinschlacht bespritzen sie sich hingegen 60 Minuten lang mit Rioja.

Ein Beso zur Begrüßung:
Auch bei der ersten Begegnung begrüßt man sich in Spanien gerne mit einem Küsschen auf die Wangen, während in Deutschland ein Händeschütteln als freundliche Begrüßung reicht.

(Elisabeth Pfurtscheller)

Gewusst?

Die bei Kinder so beliebten Lollis sind eine spanische Erfindung: Im Jahre 1958 durften sich die Kleinen über die ersten Chupa Chups (von span. ghupar = schlecken, saugen") mit einem floralen Logo von Salvador Dalí freuen. Und fällt spanischen Kindern ein Milchzahn aus, bringt ihnen die Zahnmaus, Ratoncito Perez, statt der Zahnfee ein kleines Geschenk. Spanien ist das einzige europäische Land, in dem Bananen wachsen – auf den Kanarischen Inseln ist der Anbau von Bananen nach dem Tourismus sogar die zweitwichtigste Einnahmequelle. Außerdem ist es in Spanien offiziell gestattet, den König und die Nationalhymne auszubuhen. In Spanien ist nicht Freitag, sondern Dienstag, der 13. ein gefürchteter Unglückstag – und was in vielen Ländern der 1. April ist, das ist der 28. Dezember, der Tag der unschuldigen Kinder, an dem man sich gegenseitig Scherze spielt. Die am meisten verkaufte Zeitung des Landes nennt sich Marca – dabei handelt es sich um eine reine Sportzeitung. Bis 2015 hatte Spanien das jüngste Heiratsalter in Europa, damals setzte man das gesetzliche Mindestalter von 14 auf 16 Jahre herauf. Seit 2010 ist übrigens die Spanierin Ángeles Durán die Besitzerin der Sonne – für die notarielle Beglaubigung zahlte sie lediglich 30 Euro. Wenn in Spanien jemand niest, hört er „Jesús!" von allen Seiten – es ist das spanische Pendant zu „Gesundheit": Einst glaubte man nämlich, dass man beim Niesen seine Seele verliert, das sollte Jesus verhindern. Übrigens bezeichnen die Spanier die Deutschen mitunter als „cabezas cuadradas": Quadratköpfe – das soll mit einer gewissen Sturköpfigkeit, Langeweile und Regelliebe zusammenhängen. Spanien hat insgesamt übrigens fast so viele Einwohner wie jeden Tag Menschen weltweit bei McDonald's essen. Um Babys in Zukunft vor Unheil zu schützen, wird in Castrillo de Murcia Baby Jumping am Sonntag nach Fronleichnam veranstaltet: Ein als „El Colacho" (eine Mischung aus Teufel und rot-gelbem Clown) verkleideter Dorfbewohner springt dabei über mehrere Säuglinge, die auf einer Matratze platziert sind. In einem anderen kleinen Dorf, in As Neves, feiern jedes Jahr alle Bewohner, die im Jahr zuvor dem Tod knapp entronnen sind, ihre Gesundheit: Früher legte man diese dazu in Särge und trug sie durchs Dorf, mittlerweile werden aber nur noch die leeren Särge durch den Ort getragen.

Aus der spanischen Küche ...

Die spanische Küche besteht aus vielen regionalen Gerichten, bei denen Fische und Meerestiere, aber auch Eintopfgerichte eine große Rolle spielen, die aber auch maurische und jüdische Einflüsse zeigt. Die von den Seefahrern und Entdeckern aus Amerika mitgebrachten Kartoffeln, Paprika und Tomaten haben die Küche erheblich bereichert. Unter den vielen leckeren Gerichten stechen einige besonders hervor:
Gazpacho, eine kalt zubereitete Suppe aus pürierten Tomaten, Paprika, Salatgurke, Zwiebeln, Knoblauch und Weißbrot, die fein gewürzt und mit Olivenöl verfeinert serviert wird.
Flan, ein süßer Nachtisch aus Eiern, Milch und Zucker.

Aber das bekannteste Nationalgericht ist die **Paella**, obwohl sie eigentlich ein traditionelles Gericht aus der Gegend um Valencia ist. Mit „Paella" war ursprünglich nur die große, runde, flache Pfanne gemeint, in der sie zubereitet wird.

Die größte jemals zubereitete Paella steht im Guinness Buch der Rekorde. Sie bestand unter anderem aus 5.000 kg Reis, 6.800 kg Hähnchen, 5.000 kg Kaninchen, 1.000 kg Schnecken, 1.000 kg Tomaten, 150 kg Salz und 1.000 Liter Öl. Sie wog 30.000 kg, hatte einen Durchmesser von 20 Metern und war für 100.00 Personen gedacht.

Paella

300 g Miesmuscheln
100 Venusmuscheln
300 g Tintenfisch
6 Hummerkrabbenschwänze
4 zerteilte Hähnchenkeulen
200 g gewürfeltes Schweinefleisch
200 g zerteilte Kaninchenvorderbeine
2 Tassen Olivenöl
1 Zwiebel
1 rote Paprika
1 kleine Stange Lauch
4 Knoblauchzehen
1 kleine mittelscharfe Chilischote
1 kleine Dose grüne Erbsen
200 g Paella-Reis
ca. 300 ml Fleisch- oder Geflügelbrühe
2–3 Fäden Safran
glatte Petersilie
Salz und Pfeffer
1 Zitrone

Mit einer Bürste die Muscheln unter fließendem Wasser waschen und die Bärte abschneiden, bereits geöffnete Muscheln nicht verwenden, die Hummerkrabbenschwänze abspülen. Den Tintenfisch säubern.

Die Hähnchenkeulen, die Kaninchenteile und das Schweinefleisch mit Salz und Pfeffer kräftig würzen und in Olivenöl anbraten und warm halten.

Im verbliebenen Öl die Hummerkrabbenschwänze und den in Ringe geschnittenen Tintenfisch kurz anbraten, herausnehmen und zu den Fleischteilen geben.

Danach die feingehackte Zwiebel und die Knoblauchzehen im verbliebenen Öl glasig dünsten. Die in Streifen geschnittene Paprika, den in feine Ringe geschnittenen Lauch dazugeben und dünsten.

Nun die Muscheln hinzufügen und zugedeckt mitdünsten, bis sich alle Muscheln geöffnet haben. Noch geschlossene Muscheln wegwerfen. Die Muscheln aus den Schalen lösen, beiseitestellen und warm halten.

In einer ausreichend großen Paella-Pfanne in wenig Olivenöl den Reis glasig andünsten und alle Fleischteile, die Hummerkrabbenschwänze, die Tintenfischringe und das Gemüse zum Reis geben.

Mit der Brühe auffüllen und mit Salz, Pfeffer, Safran und der Chilischote würzen, gut miteinander vermischen und im vorgeheizten Backofen oder zugedeckt auf dem Grill eine halbe Stunde garen. Kurz vor Ende der Garzeit die Erbsen dazugeben.

Die fertige Paella mit der gehackten Petersilie bestreuen, die geöffneten Muscheln dekorativ darauf verteilen und mit Zitronenspalten garnieren.

Dazu schmeckt ein trockener Rotwein auf Kellertemperatur oder ein eiskaltes spanisches Bier.

(Elke Menzel)

Was ist typisch spanisch? (II)

Vor etwa 30 Jahren gab es in der Tageszeitung „El País" einen täglichen Cartoon unter der Unterschrift „El Progré", der Fortschrittliche. Dort gestand sich der Held der Geschichte ein, er sei zwar wie sein Vater ein

„Machista", doch es unterscheide ihn von seinem alten Herrn, dass er dabei ein schlechtes Gewissen habe.

Damals war das Bewusstsein der Überlegenheit des männlichen Geschlechts noch fest verankert. So konnte es geschehen, dass ein Steppke, Freund unseres Sohnes, diesen darauf aufmerksam machte, sein Vater sei eine Frau. Er hatte gesehen, wie ich die Wäsche aufhing.

Einiges hat sich seither zum Besseren gewendet: Frauen sind meist besser ausgebildet, machen die Prädikatsabschlüsse an der Uni und besetzen die Posten, von denen die Männer bisher dachten, sie stünden ihnen von Geschlechts wegen zu. Ich spreche vom akademischen Spanien, in den sogenannten bildungsfernen Milieus hat sich leider wenig getan, da sitzt der spanische Macho bräsig herum und sorgt für erschreckende Statistiken bezüglich häuslicher Gewalt.

Unverändert ist, dass Spanier grundsätzlich meinen, sie könnten alles. So einer braucht keine handwerkliche Berufsausbildung. Maurer, Schreiner, Klempner sind alles angelernte Kräfte, die eines Tages beschließen, eben Maurer, Schreiner, Klempner zu sein. Ob einer gut ist, weiß man erst, nachdem er seine Arbeit abgeliefert hat. Allerdings ist der für sich selbst in Anspruch genommene Stolz dem Können reziprok entgegengesetzt. Wehe, man sagt zu jemandem, der Murks abliefert, er sei ein „chapuzero".

„La chapuza", man kann es mit Murks, aber auch mit Durchwursteln übersetzen, wird zu höheren Weihen erhoben, wenn sie zur „chapuza nacional" ausartet. Der

Spanier empfindet den Staat als Feind. Nichts darf unterlassen werden, um ihn zu betrügen oder zu hintergehen. Da das staatliche Handeln vom mündigen Bürger durchgängig als Staatsversagen empfunden wird, gibt dies allen das Recht, ja die Pflicht, den Staat und dessen Institutionen auf das Wüsteste zu beschimpfen.

Die ständige Herabwürdigung des eigenen Gemeinwesens sollte man aber tunlichst den Spaniern überlassen, denn stimmt man als Ausländer in diesen Chor ein, sieht man sich urplötzlich einer Phalanx von „stolzen Spaniern" gegenüber, die beweisen, dass es auf der iberischen Halbinsel das beste Rechtssystem, die schnellsten Straßen, die pünktlichste Bahn, das effizienteste Gesundheitswesen und überhaupt die weltbeste Lebensqualität gäbe. Wobei man zugeben muss, dass sie damit zum Teil durchaus Recht haben.

Es lebt sich gut in Spanien. Man ist fleißig, zum Teil sogar sehr fleißig, aber das ist man nur, um die freie Zeit umso rauschhafter genießen zu können. Aber bitte außerhalb der eigenen vier Wände. Man lädt nicht zu sich nach Hause ein. Spanier treffen sich mit „muy amigos", „amigos" oder „amiguetes" in der Bar, im Restaurant, am Strand oder auf einer Wiese im Schatten eines Baumes, um gemeinsam eine Paella zuzubereiten und zu verzehren.

Und der Stierkampf? Er spielt keine besondere Rolle mehr. Immerhin eint er die Spanier sprachlich, denn ob Katalane, Baske oder Mallorquiner – die Sprache der „toros" ist Spanisch.

Nationalsport ist der Fußball. Jeder Spanier ist Fan seines örtlichen Klubs und dann, darüber schwebend, entweder „foforo" von Real Madrid oder von Barça. Es gibt eine Sportzeitung für die einen und eine zweite für die anderen.

Vor Jahren hatte der Springer Verlag versucht, mit dem Boulevardblatt „Claro" auf dem Zeitungmarkt der Iberer Fuß zu fassen. Eingeweihte wussten von Anfang an, dass das ein zum Scheitern verurteiltes Unterfangen war: „Claro" berichtete einfach so über Fußball, als sei das eine Sache, der man neutral gegenüberstehen könnte.
Spanier glauben, dass ihre Landsleute unzuverlässig und unpünktlich sind. Das führt zu dem, was ich die Paella-Mentalität nenne: Wenn man an einer Strandbude für 14 Uhr eine Paella für zehn bestellt, ist um diese Uhrzeit womöglich der Tisch reserviert. Die Paella selbst hat der Koch noch nicht einmal angefangen. Er weiß ja nicht, ob die Leute wirklich um 14 Uhr kommen und ob es wirklich zehn „comensales" sein werden.

Das alles ist typisch spanisch. Aber am spanischsten ist die Herzlichkeit, die derjenige spürt, der als Freund aufgenommen worden ist.

(Hans von Rotenhan)

Typisch tongaisch

Tonga
(polynesisches Königreich im Südpazifik)
Fläche: 747 km²
Einwohner: 106.398
Einwohner pro km²: 142,4
Hauptstadt: Nuku'alofa
Amtssprache: Tongaisch, Englisch
Währung: Pa'anga
Staatsform: Konstitutionelle Monarchie im Commonwealth (seit 1875)
Internetkennung: .to
Autokennzeichen: TO

Was ist typisch tongaisch?

Als ein Elternpaar aus dem Kindergarten meines Sohnes beruflich nach Tonga zog, um dort tropische Vögel, die hier in Volieren lebten, wieder in die alte Natur auszusetzen und zu beobachten, platzte ich vor Neid. „So ein interessantes Land!", dachte ich.

Sie schickten mir öfters Bilder und erzählten von ihrem Haus unter Palmen am Strand. Da wollte ich auch mal hin. Ich dachte, dass das Königreich Tonga eine einzige Südseeidylle sei. Ich hörte schon, dass die Kinder in der Schule geschlagen wurden, aber wollte dieses Traumland unbedingt einmal sehen.

Im Jahre 2006 erfuhr ich aus den Nachrichten, dass es gewalttätige Auseinandersetzungen auf Tonga gibt. Ich bekam Sorgen, dass das Land vielleicht bald nicht mehr so sein könnte, wie ich es mir vorstellte. Nun wurde es in meinen Reiseplanungsgedanken ganz vorne platziert. Bei meiner Weltreise stand schon von der ersten Vorplanung an fest: Tonga muss dabei.

Doch Tonga – genauer die Hauptinsel Tongatapu – ist nicht mehr das, was man sich unter einem Südseeparadies vorstellt. Schon beim Anflug aus der Luft erschreckt das eintönige Grün, nicht tropische Vielfalt, sondern Palmenmonokultur breitet sich aus. Hier ist eine Plantagenwelt zur Palmölgewinnung aufgebaut worden. Von lebendiger tropischer Flora ist allenfalls noch in manchen Gärten etwas zu finden. Auch wer tropische Früchte oder Gemüsesorten in den Lebensmittelläden zu kaufen versucht, wird enttäuscht sein. Kokosmilch beispielsweise gibt es in keinem Laden im Land der vielen Kokospalmen zu kaufen, sondern vor allem chinesische Tütensuppen. Die Lebensmittelläden Tongas sind samt und sonders in chinesischer Hand. Seit der frühere König die tongaische Staatsbürgerschaft an Chinesen verkauft hatte (wo das Geld gelandet ist, lässt sich nur vermuten, die chinesische Botschaft ist jetzt in einem prächtigen Gebäude an der Küste untergebracht), bestehen die großen Spannungen im Lande, die sich dann explosiv niedergeschlagen haben.

Nicht nur die Natur widerspricht den Erwartungen, auch die Architektur ist nicht das, was man von Bildbänden oder Museumsbildern kennt.

Die schmucken historischen Häuser und Läden im Ort wurden bei den Auseinandersetzungen zwischen oppositionellem Volk und königsnaher Herrschaftsschicht zerstört, zerschlagen oder verbrannt – meist waren es hölzerne Villen und Geschäfte. Was Menschenhand nicht schaffte, riss das Erdbeben 2010 sowie der zwei Tage später wütende Zyklon René nieder. Man muss schon sehr weit aus der Stadt hinausfahren, um noch vereinzelte Häuser im Kolonialstil mit den farbigen Glaseinlagen zu sehen. Traditionelle Häuser findet man überhaupt nicht. Während auf Samoa überall noch schön bemalte und verzierte Versammlungshäuser der Sippen zu entdecken sind, ist auf Tonga nichts von der ursprünglichen Architektur übriggeblieben. Das viktorianische alte Königsschloss und einige Kirchen sind die letzten Überbleibsel wenigstens von der Jahrhundertwende um 1900.

Wenn man weiter im Land herumkommt und aufmerksam ist, findet man aber sehr wohl noch kulturelle Relikte. Dies gilt besonders für die Trauerkultur. Nirgendwo auf der Welt sieht man derart bunt auf Korallensand gestaltete Gräber mit großflächigen farbigen textilen Aufbauten. Auch der Traueralltag ist von außen zu beobachten. Das Trauerhaus ist am Zaun mit Flaggentüchern gekennzeichnet. Wer auf dem Weg davor abwarten kann, sieht die Nachbarn und Nachbarinnen im Bastrock traditionell gekleidet ihren Trauerbesuch abstatten.

Am Sonntag in den Kirchen tragen die Männer ebenfalls Basträcke, während die Frauen mit eleganter Hutmode und gerafften Kleidern die Mode der Jahrhundertwende vorführen. Die Gesänge und instrumentalen

Darbietungen geben eine Ahnung davon, wie viel Lebensfreude und -lust in den Herzen der Menschen auf Tonga noch heute zu finden ist.

Wenn man das ursprüngliche Tonga erleben will, sollte man aufs Fährschiff steigen und auf die kleinen zu Tonga gehörigen Inseln fahren wie Eua, Vava'u oder Haapai, zwar existieren auch Flugverbindungen, doch die Fluglinie des Landes – in chinesischer Hand – gilt als sehr unsicher. Dort auf den entlegenen Inseln des Königreichs Tonga kann man auf die Intrigen zwischen den Sippen stoßen und wird sicher auf offene Gastfreundschaft treffen. Dabei spürt man sicher etwas von der früheren Bezeichnung Tongas als „Freundschaftsinseln". Emotional ist man dann wirklich in eine exotische Kultur eingetaucht.

(Astrid Kaiser)

Gewusst?

Das Pazifik-Archipel Tonga umfasst insgesamt 177 Inseln, wovon allerdings nur 36 dauerhaft bewohnt sind. „Mahalo pei a pongi pongi" – das bedeutet übersetzt: „Morgen vielleicht" und ist eine tongaische Weisheit – Müßiggang ist hier nämlich eine Tugend. Die erfolgreichste Exportware von Tonga ist die Top-Level-Domain .to: Sie kostet 50 Dollar jährlich und ist deshalb so beliebt, weil der Käufer anonym bleibt – das nutzen auch Streamingdienste wie kinox.to.

Aus der tongaischen Küche …

Auf Tonga gibt es zwar auch importierte Lebensmittel, aber die traditionelle Küche besteht aus den Zutaten, die auf der Insel wachsen wie Kokosnüsse, Yamswurzel, Taroblätter, frische Früchte, Fische, Muscheln, Hühner und Schweinefleisch. Und Corned Beef in Dosen, das aus Neuseeland importiert wird. Ein Erdofen dient den Tongaern als Feuerstelle.

Das Nationalgericht ist Lu, das auf Tonga aus neuseeländischem Corned Beef zubereitet wird. Da sich der Geschmack aber wesentlich von dem bei uns erhältlichen unterscheidet, wird für die Zubereitung Rinderhackfleisch empfohlen.

Lu für vier Personen
800 g Rinderhackfleisch
15 mittelgroße Mangoldblätter oder eine Tüte frischen Spinat (in Ermangelung von Tora-Blättern)
3 Zwiebeln
3 Tomaten
1 Dose Kokosmilch

Backofen auf 180 Grad vorheizen.
Zwiebel fein hacken, Tomaten grob würfeln.

Ein Stück Alufolie in eine Auflaufform legen, etwa doppelt so lang wie die Form.

Darauf einige Mangold- oder Spinatblätter legen, einen Teil des Hackfleischs gleichmäßig darüber krümeln und einen Teil der Zwiebeln und Tomaten darauf verteilen, dann schichtweise wiederholen. Die oberste Schicht sollten wieder Blätter sein. Dann die Alufolie an allen Seiten hochbiegen und die Kokosmilch hineingießen.

Dann die Alufolie schließen und alles im Backofen ca. 2 Stunden garen lassen.

Typisch tschechisch

Tschechien

Fläche: 78.867 km²
Einwohner: 10.686.269
Einwohner pro km²: 135,5
Hauptstadt: Prag
Amtssprache: Tschechisch
Währung: Tschechische Krone
Staatsform: Parlamentarische Republik (seit 1993)
Internetkennung: .cz
Autokennzeichen: CZ

Was ist typisch tschechisch?

Zu Besuch bei Honza

Fragt man einen Deutschen, woran er bei „Tschechien" denkt, tauchen schnell die üblichen Vorurteile auf: Tschechien? Klar, da gibt es vor allem Bier und Knödel, schöne Frauen, überall fahren nur Škodas herum und irgendwie ist das doch einfach „Ostblock". Wie soll man jemandem diese Ansichten verübeln, der noch nie im Nachbarland war oder nur zum Einkaufen billiger Zigaretten und zum Tanken hinüberfährt. Vorurteile sind normal – und ja auch nicht selten irgendwo begründet. Es stimmt halt einfach: Die Knödel sind fester Bestandteil der tschechischen Küche, welche für Vegetarier nicht wirklich einladend ist, und die Tschechen trinken mit jährlich 143 Litern pro Kopf am meisten Bier in Europa. Schon ab den Morgenstunden kann man in den Cafés ein Bier vom Fass bekommen. In der Mittagspause oder am Nachmittag trifft man sich hier eben nicht auf einen Kaffee, sondern auf ein *pivo*.

Allerdings ist Tschechien noch viel mehr. Doch was genau macht Tschechien zu Tschechien und Tschechen zu Tschechen – was ist so wirklich „typisch tschechisch"? Dieser Frage nachzugehen, kann eigentlich nur misslingen: Entweder man tappt in die alte Vorurteilsfalle oder man beschreibt eben seine Sicht der Dinge, eine subjektive, die es in keinem Falle vermag, das Wesen einer gesamten Nation abzubilden. Hier soll sich nun also für die zweite Variante entschieden werden. Als erster Anhaltspunkt für diese Frage können Sprichwörter dienen, die häufig Fremd- sowie Selbstwahrnehmung von Nationen widerspiegeln. Im Deutschen wird mit einem „böhmischen Dorf" etwas Fremdes und Unbekanntes bezeichnet (im Tschechischen übrigens das „spanische" Dorf). Und wie sehen die Tschechen sich selber? Als fleißig und arbeitsam (nicht selten wird von den „goldenen, tschechischen Händchen" gesprochen) und als großes Musikervolk, denn: „Co Čech, to muzikant" („Wer ein Tscheche, der ein Musikant"). Letzteres hat sicher auch seine Berechtigung. Sitzt man am Abend in der Kneipe, passiert es nicht selten, dass sich eine Kapelle zusammenfindet, jemand die Gitarre von der Wand nimmt und gemeinsam musiziert wird. Darüber hinaus gibt es in Tschechien ein großes Liedergut, das allen bekannt ist.

O. K. Die Tschechen machen also gern Musik, sind fleißig und für uns einfach nur fremd. Aber ansonsten? Wie sind sie, diese „Tschechen"? Schauen wir uns unseren Homo bohemicus, unseren Proto-Tschechen, einmal genauer an.

Unser typischer Tscheche heißt Adam oder Jakub – das sind die beliebtesten Männernamen. Oder vielleicht auch einfach Jan – ebenfalls ein sehr beliebter Name. Jan Novák also. Natürlich nennen ihn seine Kollegen nicht etwa ganz normal wie hierzulande bei seinem Namen, sondern nutzen abstruse Verniedlichungsformen wie etwa Honza, und so wollen auch wir uns dem hier anschließen. Honza also ist 42,2 Jahre alt und mit Eva Nováková verheiratet. Sie haben 1,67 Kinder. Diese heißen Karel, Anna oder nein, vielleicht Tereza und Jiří. Honza, Eva, Tereza und Jiří – beziehungsweise Evča, Terezka und Jirka – wohnen in Prag, kommen aber aus Mähren, dem östlichen Teil der Republik. Terezka studiert hier in der Hauptstadt, lebt aber noch bei den Eltern. Die Wohnung haben sie sich vor einiger Zeit gekauft. Natürlich wohnt auch der Hund der Familie hier. Max ist bei allen Unternehmungen der Familie mit dabei und hat sich mittlerweile gut an das Prager Stadtleben gewöhnt. Jirka geht noch zur Schule. Gerade absolviert er den üblichen Tanzkurs, bei dem einmal die Woche seine Eltern zuschauen, während er den Anweisungen des Tanzlehrers Folge leistet. Bereits während der Tanzstunden ist Jirkas Klasse in kompletter Abendgarderobe auf dem Parkett unterwegs. In seiner Freizeit ist Jirka außerdem bei den Pfadfindern aktiv.

Honza arbeitet und verdient dabei monatlich 31.851 Kronen, also ungefähr 1.250 Euro. Nach dem Frühstück mit Kümmelbrot macht er sich mit der Straßenbahn auf den Weg zur Arbeit. Meistens setzt er sich gar nicht erst hin: Hier in Tschechien gehört es sich, Älteren und Gebrechlichen seinen Sitzplatz in der Tram zu überlassen. Nach der Arbeit sitzt Honza mit seinen Freunden in der Kneipe. Dort trinkt er Bier und isst einen panierten Käse. Natürlich wird auch reichlich gelacht, denn Honza hat einen ausgeprägten *český humor*: Als 2005 in einer Fernsehserie der „größte Tscheche" gewählt werden sollte, stimmte auch Honza für Jára Cimrman ab. Dieser erfand ja schließlich mit Edison gemeinsam die Glühbirne, schlug der amerikanischen Regierung den Bau des Panama-Kanals vor, erfand den Joghurt und schuf darüber hinaus noch ein beeindruckendes Dramen-Œuvre. Das Problem: Cimrman gab es eigentlich gar nicht, er ist lediglich eine Erfindung zweier tschechischer Theatermacher. Naja, *český humor* eben. Unser Honza sitzt also in seiner Kneipe und redet dort über Gott und die Welt – nun vielmehr wohl über Letzteres, ist er doch wie auch 80 Prozent seiner Landsleute konfessionslos. Erst am frühen Abend kommt er nach Hause.

Und am Wochenende? Geht Honza liebend gern mit Freunden zum Eishockey, manchmal nimmt er auch Jirka mit. Wenn die wärmeren Monate angebrochen sind, werden die Wochenenden gerne genutzt, um zur *chata*, zum Wochenendhäuschen, zu fahren. Das alte Haus steht im Šumava-Wald an der Grenze zu Bayern und gehört schon seit Generationen den Nováks. Hier gibt es immer etwas zu tun. Und natürlich begibt man sich nicht nur zum Wandern in die Natur nicht nur zu Wanderungen, sondern bevorzugt auch zum Pilze-Sammeln. Drei Kilo jährlich sammeln Honza und seine Familie im Schnitt pro Kopf. Natürlich ist auch Max bei all dem dabei. „Haf, haf", hallt es immer wieder durch den Wald – denn tschechische Hunde bellen anders als deutsche.

Honza ist stolz darauf, Tscheche zu sein, klar. Im Vergleich mit den im Norden angrenzenden Polen mag sein

Nationalstolz aber doch eher winzig erscheinen. Man ist eben *nur* ein *kleines* 10-Millionen-Einwohner-Land irgendwo *zwischen* West und Ost. Die Nationalhymne – die Honza natürlich auswendig kennt – preist nicht etwa das Militär oder die Größe des Landes, sondern spricht von der Schönheit der tschechischen Natur. Tscheche zu sein, bedeutet für Honza auch, sich mit der Geschichte seines Landes auseinanderzusetzen. Die schicksalhaften Achterjahre kann er aus dem Effeff aufzählen: 1918 die Gründung der Tschechoslowakei, 1938 das Münchner Abkommen, nach dem das Sudetenland ans Dritte Reich angegliedert wurde, 1948 der kommunistische Putsch, 1968 der Prager Frühling. „Die Russen" kann Honza heute immer noch nicht leiden. Alle. Schließlich waren sie es ja, die im August 1968 mit ihren Panzern durch die Hauptstadt brausten und den Prager Frühling, die Phase eines etwas freieren Sozialismus „mit menschlichem Antlitz", zunichtemachten. Natürlich ist auch die Samtene Revolution 1989 für Honza wichtig – er war damals dabei, auf dem Prager Wenzelsplatz, und einer der Zehntausenden, die die Revolution gemeinsam lostraten mit den in die Höhe gereckten, schüttelnden Schlüsselbunden. „Seinem" Präsidenten, dem 2011 verstorbenen Václav Havel, der nach der Revolution 1989 Präsident der Tschechoslowakei und ab 1993 der Tschechischen Republik war, hat Honza vor einigen Jahren ein Denkmal gesetzt: So wie in den vielen Cafés der Hauptstadt hängt seither auch in der Küche der Familie Novák ein Porträt des Dichterpräsidenten. Ein echtes Idol eben.

Honza ist also Tscheche. Das Ding dabei ist: Honza und auch Evča, Terezka und Jirka gibt es eigentlich gar nicht

– ganz so wie es auch den Fußball schauenden, Lederhose tragenden, Bratwurst essenden Herrn Müller-Meier-Schulze mit Gartenzwergen im Vorgarten nicht gibt. Honza sind 10 Millionen Menschen, jeder ist anders, keiner ganz so wie Honza. Vermutlich ist das auch gut so, oder? Honza, wie wir ihn hier kennenlernen konnten, ist ein Querschnitt einer Gesellschaft und deshalb möglicherweise auch entsprechend langweilig. Honza ist Tschechien, irgendwo zwischen Menschen, die an einem Ende der Republik junges Theater machen und am anderen Kohle aus der Erde fördern. Menschen, die moderne Musik produzieren, vielleicht ein Café leiten oder sich in der Umweltbewegung engagieren oder die einfach einen „ganz normalen Job" haben, so wie wir in Deutschland auch.

Honza ist ein David Černý, der bildender Künstler ist, Panzer pink anmalt und riesige Stinkefinger in der Moldau installiert, die gegen den Sitz des Präsidenten auf der Prager Burg gerichtet sind. Honza sind Sportler wie Jaromír Jágr und Petr Čech, Musikerinnen wie Nikola Muchová, Schriftsteller wie Jaroslav Rudiš. Und eben all die vielen spannenden Menschen von nebenan.

Sie wollen Honza gern einmal kennenlernen? Leider kann ich Ihnen keinen Kontakt zu ihm geben. Aber fahren Sie doch einfach mal rüber, in unser Nachbarland im Osten! Dort treffen Sie ihn gewiss. Ein Ausgangspunkt für Ihre Suche könnte die Hauptstadt Prag sein.

(Ferdinand Hauser)

Gewusst?

„Co je český, to je hezký" – „Schön ist, was tschechisch ist", so lautet ein tschechisches Sprichwort. Und Tschechien gilt zwar als das ungläubigste Land in Europa und trotzdem versorgt nicht der kommerzielle Weihnachtsmann die Kleinen mit Geschenken, sondern Jezísek: das Jesuskind. Das von Martin Luther erfundene Christkind ist in Tschechien ein Relikt des Protestantismus, dieser war bis zum Ausbruch des Dreißigjährigen Kriegs in Böhmen und Mähren nämlich fest verankert. 1620 mussten sich die böhmischen Stände aber den Katholiken geschlagen geben, was ein Verbot des Protestantismus mit sich zog. Zwar wurde die katholische Kirche dann zur einzigen zugelassenen Religion erklärt, allerdings wanderten viele Protestanten aus und die Bauern, denen das nicht möglich war, entfernten sich bald völlig vom Glauben. Und das unterstützten natürlich wiederum die Kommunisten. Etwas aber blieb erhalten: die Freude am Weihnachtsfest und der kindliche Glaube an das Christkind. Außerdem kommt Eishockey in Tschechien ein weitaus größerer Stellenwert zu als Fußball – so wurden sie in dieser Sportart bereits mehrmals Weltmeister und erreichten einen Olympiasieg. Und übrigens war es ein Tscheche, der weiche Kontaktlinsen erfunden hat: nämlich Otto Wichterle, 1959. Außerdem kommt das Wort Roboter aus Tschechien: aus einem Theaterstück und Kurzroman des Dramatikers Karl Čapek – das Stück aus dem Jahre 1920 war mit R.U.R. betitelt, was für Rossums Universal-Roboter steht. Sigmund Freund und Gregor Mendel sind zwar Österreicher, aber wurden in Tschechien geboren. „Strc prst skrz krk" – das bedeutet übersetzt ungefähr: „Steck den Finger durch den Hals": Im Tschechischen sind nämlich nicht unbedingt Vokale erforderlich, um ein Wort zu bilden. Und zu Ostern ziehen Jungs vielerorts mit dekorierten Weidenruten durch die Ortschaften, um die Mädchen damit zu hauen – dafür schenken diese ihnen hübsch bemalte Ostereier.

Aus der tschechischen Küche ...

Für Vegetarier ist die tschechische Küche wahrscheinlich etwas zu fleischlastig, denn das Nationalgericht **Vepřo-Knedlo-Zelo** (Schweinefleisch-Knödel-Kohl) ist ohne Fleisch undenkbar. Doch am Hungertuche nagen müssen sie nicht: **Bramboráky** (Kartoffelpuffer) oder **Bramboračka** (Kartoffelsuppe) schmecken köstlich. Auch den **Prager Schinken** findet man auf nahezu jeder Speisekarte.

Bei den Süßspeisen sind **Kolatschen** und **Palatschinken** weit über die Grenzen des Landes bekannt.

Knedlíky (Böhmische Knödel)
500 g Mehl
20 g frische Hefe
200 g warmes Wasser
1 TL Salz
½ TL Zucker
1 Ei
1 EL gehackte Petersilie

Mehl, Salz und Petersilie in einer Schüssel mischen, das Ei dazugeben. Hefe und Zucker zusammen im Wasser auflösen und aufschäumen lassen. Alles zu dem Mehl in die Schüssel geben und so lange kneten, bis der Teig schön geschmeidig ist. Abgedeckt etwa zwei Stunden an einem warmen Ort gehen lassen, bis sich der Teig verdoppelt hat.

Den Teig in drei bis vier Teile teilen und jeweils zu Rollen formen. In einem Topf gesalzenes Wasser zum Kochen bringen, die Hefeteigstücke darin eine knappe halbe Stunde garen. Sie gehen sehr auf, daher einen großen Topf nehmen.

Nach dem Herausnehmen mit einem sehr scharfen Messer oder einem Bindfaden in Scheiben schneiden und mit einer Soße servieren. Reste können in der Pfanne ausgebraten und mit Kompott oder Vanillesoße verzehrt werden.

Typisch ungarisch

Ungarn
Fläche: 93.028 km²
Einwohner: 9.825.704
Einwohner pro km²: 105,6
Hauptstadt: Budapest
Amtssprache: Ungarisch
Währung: Forint
Staatsform: Parlamentarische Republik (seit 1989)
Internetkennung: .hu
Autokennzeichen: HU

Was ist typisch ungarisch?

Salami und Paprika – das ist natürlich typisch ungarisch, genauso wie Gulasch und Kessel. Abseits von Klischees gibt es allerdings noch viel mehr, was typisch für dieses wunderschöne Land ist. Hungarika nennt man übrigens typisch ungarische Erzeugnisse mit bekanntem Namen sowie langer Tradition.

Unmittelbar nach der Ankunft im Land begegnet der Ungarnurlauber einem speziellen Faszinosum: dem Ungarischen! Die ungarische Sprache ist unter den europäischen Amtssprachen lediglich mit dem Finnisch entfernt verwandt – beide zählen zur uralischen Sprachfamilie und stammen höchstwahrscheinlich aus Westsibirien. Ungarisch ist eine wunderschön melodische Sprache, doch auch eine der schwierigsten auf der ganzen Welt. Speziell für Sprecher indogermanischer Sprachen hört sich Ungarisch äußerst fremd und ungewohnt an – viele Landesbewohner, insbesondere in touristischen Gebieten, sprechen allerdings sehr gut Deutsch, das zusammen mit dem ungarischen Akzent sehr charmant klingt. Wer die ungarische Landessprache erlernen möchte, kann sich übrigens mit rund 10 Millionen Ungarn und weiteren 4 bis 5 Millionen außerhalb von Ungarn lebenden Menschen unterhalten.

So sehr sich die Sprache auch durch Exotik auszeichnen mag, so tief verwurzelt ist das ungarische Volk in Europa: Vor 1.100 Jahren siedelten sich die Magyaren im Karpatenbecken an. Gegründet wurde es im Jahr 895 (bevor Frankreich und Deutschland unabhängig waren) und ist damit eines der ältesten europäischen Länder. Seit 2004 gehört Ungarn zur EU. Den Fall des Eisernen Vorhangs im Jahre 1989 unterstützte die damalige Regierung aktiv. Wer heute ins Land reist, trifft auf Weltoffenheit, Vielfalt und vor allem eine große Gastfreundschaft und natürlich auf folgende Hungarika:

Paprika – das Feuer von Ungarn: Nichts, egal ob zum Verzehr geeignet oder nicht, assoziiert man vermutlich so sehr mit Ungarn wie diese rote Gemüseart. Vor allem in pulverisierter Form ist es aus ungarischen Kochtöpfen nicht wegzudenken, fast alle Gemüse- und Fleischspeisen erhalten dadurch ihre typisch ungarische Note. Der sonnenverwöhnte Süden des Landes um Kalocsa und Szeged ist das Hauptanbaugebiet der pikanten Gewürzschoten. Wahrscheinlich haben einst die Türken den Paprika nach Ungarn gebracht, im Laufe des 19. Jahrhunderts wurde er vermehrt in der Küche verwendet. Professor Albert Szent-György aus Szeged erhielt 1937 sogar den Nobelpreis, da er belegen konnte, dass sich Vitamin C, das sich in einer besonders starken Konzentration im Paprika finden lässt, positiv auf den menschlichen Organismus auswirkt. Mildes oder scharfes Paprikapulver ist überall in Ungarn erhältlich, selbst Produktvarianten wie Paprikaöl oder -schnaps kann man kaufen.

Kochen im Kessel: Auf keinem Fest fehlt er und jeder Ungarnreisende sollte einmal ein Essen direkt aus dem Bogrács (Kessel) zu sich nehmen. Neben dem beliebten Gulasch und Pörkölt wird darin vor allem Fischsuppe zubereitet. Kochen im Kessel sorgt für einen ganz besonderen Geschmack, der sich mit der herkömmlichen Herdküche kaum vergleichen lässt.

Salami – intensiver Geschmack und eine lange Haltbarkeit: Die ungarische Salami ist heute ein weltweiter Exportschlager, dem Ungarn Mark Pick, der 1869 in Szeged, eine Salamifirma gründete, wird die Einführung der eigentlich italienischen Salami in Ungarn zugeschrieben. Er veränderte allerdings rasch das Originalrezept und die berühmte Pick Wintersalami war bald als eigenständiges Wurstprodukt zu betrachten. Salami aus dem Hause Pick gilt heute als der Inbegriff der ungarischen Salami, die sich übrigens seit jeher durch einen besonders intensiven Geschmack und eine lange Haltbarkeit auszeichnet.
Typisch ungarisch sind außerdem noch kulinarische Spezialitäten wie die Kolbász Wurst, Kürtöskalács, der ungarische Baumkuchen, oder Tejföl, die für den Ungarn unverzichtbare saure Sahne.

Schnaps – Pálinka und Unicum: Er ist obligatorisch nach dem Genuss einer deftigen ungarischen Mahlzeit – der ungarische Schnaps, auch Pálinka genannt. Gebrannt wird er aus beinahe allem, was die ungarische Natur zu bieten hat: aus Aprikosen für den hochprozentigen barackpálinka, Pflaumen für den szilvapálinka oder Honig für den mézespalnika. Zu erwähnen ist dann noch der Unicum, der weit über Ungarns Landesgrenzen hinaus, berühmt ist. Der herbe Kräuterlikör erinnert ein wenig an den deutschen Jägermeister und wurde 1790 dem deutschen Kaiser Joseph II. von seinem ungarischen Hofarzt Dr. Zwack gereicht. „Das ist ein Unicum!", soll der Kaiser über den Extrakt aus 40 verschiedenen Kräutern ausgerufen haben. 1840 begann die kommerzielle Historie des Unicum mit seiner industriellen Fertigung durch die in Pest gegründete Brennerei Zwack.

Tokajer – ungarischer Wein: Der berühmteste Wein des Landes stammt aus dem Gebiet Tokaj im Nordosten Ungarns. Er besticht durch einen einzigartigen Geschmack und seine goldene Farbe, die sich durch die Lage der Berghänge, intensive Sonne, die Nähe zu den Flüssen Bodrog und Theiß ergeben, diese sorgen nämlich für ein besonderes Klima, in dem die Trauben vom Schimmelpilz Botrytis cinera befallen werden und so eine Edelfäule durchlaufen. So kann der Most dieser Trauben einen Zuckergehalt von 850 g/l aufweisen. Eingang fand der Tokajer sogar in die ungarische Nationalhymne, in der man diesbezüglich vom „Geschenk Gottes" singt, der Spätlese-Wein erfreute sich größter Beliebtheit an den Adelshöfen Europas, und in Ungarn wurde er deshalb auch als „flüssiges Gold" bezeichnet. Der Sonnenkönig

Ludwig XIV. sprach vom Tokajer übrigens vom „König der Weine – Wein der Könige". Wer lieber zum Bier greift, sollte in Budapest das Anstoßen mit Biergläsern auf alle Fälle unterlassen. Dies wird nämlich als äußerst taktlos erachtet – der Grund: Die Österreicher schlugen 1848 den ungarischen Volksaufstand nieder und feierten dies, indem sie einander mit Bierkrügen zuprosteten, während man die Anführer, unter anderem Kossuth Lajos, hinrichtete.

Porzellan aus Herend: Das Herendi Porzellan ist eine der wenigen großen Erfolgsgeschichten der ungarischen Neuzeit. Dieses Hungarikum erlangte seine Berühmtheit nämlich in erster Linie an den europäischen Adelshöfen und durch deren bekanntesten Vertreterinnen. Die Porzellanmanufaktur aus dem Westen des Landes belieferte in der zweiten Hälfte des 19. Jahrhunderts beispielsweise die englische Queen Victoria oder Kaiserin Sisi, auch die Familien Rothschild und Esterházy. Der Hochadel begeisterte sich speziell für die filigranen, fernöstlichen Motive. Bis heute werden die Designs in Herend ausschließlich von Hand bemalt.

Béres Csepp Tropfen: Der Name Béres ist einer der prominentesten Markennamen des Landes, vergleich nur noch mit Pick oder Zwack. Eigentlich ist aber vor allem die Geschichte von Glauben oder Nicht-Glauben: Die Tropfen des Erfinders Dr. József Béres sollen nämlich bei der Behandlung von Gelenkschmerzen, Rheuma, Migräne, Multipler Sklerose oder Depressionen, sogar bei der Bekämpfung von Tumoren unterstützen, meinen die einen, andere bezeichnen den bitteren Auszug als reinsten Humbug. In Ungarn sind die Tropfen jedenfalls offiziell als Medikament zugelassen und in der Apotheke erhältlich.

Tihany Lavendelöl: Tihany ragt als einzige Halbinsel in den Balaton hinein und hier finden sich die leuchten lila, duftenden Lavendelstöcke, die erstmals 1924 hier angepflanzt wurden. Das hier hergestellte Lavendelöl ist europaweit bekannt und übertraf selbst die Qualität des original französischen Lavendels.

Die ungarische Zahnmedizin: Auf einem hohen Level befindet sich die ungarische Zahnmedizin, die sogar zur weltweiten Spitzengruppe zählt. Und auch sie muss beim Thema „typisch ungarisch" wohl Erwähnung finden, da sie über die Landesgrenzen hinaus sehr bekannt ist. Dabei ist es nicht nur die Kompetenz, die so viele Zahnpatienten nach Ungarn bringt, sondern die günstigen Behandlungskosten, diese liegen bis zu unglaublichen 70 Prozent unter den deutschen Tarifen. Die deutschen Krankenkassen rechnen die Behandlung und Kur in Ungarn aber so ab, als hätte die Behandlung in Deutschland stattgefunden.

Typisch ungarische Eigenschaften: Die Ungarn zeichnet eine große Liebe zu ihrer Heimat aus. Außerdem soll es einen typisch ungarischen Pessimismus geben. Gleichzeitig aber sind die Ungarn sehr stolz auf ihren Humor – passend zum Motto: Trotz leerer Taschen ein fröhliches Lachen! Es ist nämlich auch genau das Lachen, das die ungarische Bevölkerung immer wieder aus ihrer pessimistischen Welt herauszieht. Außerdem sind die Ungarn sehr gastfreundlich, auch wenn sie anderen Nationen tendenziell nicht sehr offen gegenüberstehen – das hat aber wohl auch damit zu tun, dass man in Ungarn im Vergleich zu anderen Ländern auch weniger oft auf Menschen mit anderer Staatsbürgerschaft trifft.

(Elisabeth Pfurtscheller)

Gewusst?

Der Zauberwürfel von Ernö Rubik, der Kugelschreiber und die Holografie haben etwas gemeinsam: Alle wurden von Ungarn erfunden. 1946 gab man in Ungarn Banknoten mit einem Wert von einer Trilliarde Pengö aus – so hieß die damalige Währung: Das ist eine 1 mit 21 Nullen. Mit 27 % erhebt Ungarn die höchste Mehrwertsteuer in der EU. Die ungarische Bezeichnung für das Land ist „Magyarország" – zu Deutschland sagt man „Németország". Ungarisch zählt zu den schwierigsten Sprachen weltweit und hat 44 Buchstaben. Außerdem steht in Budapest das drittgrößte Parlamentsgebäude der Welt – lediglich das Pentagon in den USA und das Parlament in Bukarest haben noch größere Dimensionen. Und die Hauptstadt Ungarns entstand aus drei Städten: Buda, Obuda und Pest. Doch 200 Jahre lang war Bratislava die ungarische Hauptstadt. In Ungarn schreibt man zuerst den Nachnamen und dann den Vornamen. Die Ungarn haben in jeder olympischen Disziplin, an der sie sich jemals beteiligt haben, eine Goldmedaille gewonnen. Im gesamten Land gibt es mehr als 1.500 Spas. Und mit Pálinka, dem ungarischen Schnaps, soll man alle Krankheiten heilen können. Als erstes ausländische Restaurant nach dem Ende des Kommunismus öffnete McDonald's eine Filiale im Jahre 1989. Innerhalb der EU ist Ungarn jenes Land, das am meisten Nilpferde exportiert. Und zu Gulasch sagen die Ungarn eigentlich Pörkölt und Frühstück heißt „Reggeli".

Aus der ungarischen Küche …

Die ungarische Küche ist ohne Paprika undenkbar. Frisch, getrocknet, eingelegt oder als Pulver verleiht es den Gerichten die charakteristische Schärfe und Farbnuance.

Die bekanntesten Nationalgerichte Ungarns sind **Gulaschsuppe** und **Gulasch**. In beide gehören frischer Paprika und Paprikapulver.

Gulasch für 4 Personen
750 g Gulasch, Rind, Schwein oder gemischt
1 Gemüsezwiebel
1 große Knoblauchzehe
2 EL Öl
3 EL Tomatenmark
2 EL Mehl
½ TL getrockneter Thymian
1 EL Paprikapulver, edelsüß
3 große rote Paprika
750 ml Wasser (wahlweise Brühe)
Salz
Pfeffer

Die Fleischstücke etwas kleiner schneiden. Zwiebel und Knoblauchzehe schälen und in kleine Würfel schneiden. Das Öl in einem Topf erhitzen und das Fleisch darin kräftig anbraten und dann herausnehmen. Zwiebel- und Knoblauchwürfel im gleichen Topf in dem Öl anschwitzen, bis

die Zwiebeln glasig sind, das Tomatenmark dazugeben und kurz mitschmoren lassen, dann das Fleisch zurück in den Topf geben. Mit dem Mehl bestäuben und mit Paprikapulver, Thymian, Pfeffer und Salz würzen.
750 ml Wasser oder Brühe dazugießen und aufkochen lassen. Mit Deckel etwa 90 Minuten schmoren lassen.

Paprika waschen und in grobe Würfel schneiden. Nach 50 bis 60 Minuten ins Gulasch einrühren. Nach der Garzeit mit Paprika, Pfeffer und Salz abschmecken.
Mit Kartoffeln oder Knödeln servieren.

Langos ist im weitesten Sinne ein ungarisches Fladenbrot. Es wird zubereitet aus Mehl, Milch, Hefe und Salz und in Öl schwimmend ausgebacken. Man isst Langos als Zwischenmahlzeit oder aus der Hand als Snack. Gerne wird es mit Knoblauchöl bestrichen oder mit geschmorten Zwiebeln, Paprika und Tomaten gereicht.

Die bekannteste ungarische Torte ist die **Dobostorte**. Sie besteht aus acht Schichten Biskuit mit Buttercreme und einer abschließenden Karamellglasur.

Typisch US-amerikanisch

USA
Fläche: 9.826.675 km²
Einwohner: 329.256.465
Einwohner pro km²: 33,5
Hauptstadt: Washington (D.C.)
Amtssprache: Englisch, Spanisch (7,5 %)
Währung: US-Dollar
Staatsform: Präsidiale Bundesrepublik (seit 1787)
Internetkennung: .us
Autokennzeichen: USA

Was ist typisch US-amerikanisch?

„Dass Amerika entdeckt wurde, war erstaunlich. Noch erstaunlicher wäre jedoch gewesen, wenn Amerika nicht entdeckt worden wäre."
Mark Twain

Mit den **Vereinigten Staaten von Amerika** verbindet man viele Dinge, wie Patriotismus, den *amerikanischen Traum*, die Route 66, Halloween, Fastfood, Ranches, Indianer und Cowboys, Country Music, Hurricanes, New York, Florida, Hollywood, 11. September oder *Disney World*.

Typisch amerikanische Phänomene
Der **amerikanische Traum**: Die Amerikaner lösten sich Ende des 18. Jahrhunderts von der britischen Kolonialmacht und propagierten ab da den Begriff ***„Freiheit"*** weltweit. Dies

löste eine enorme Einwanderungswelle aus, jeder wollte in den USA „frei" leben und dort sein Glück versuchen. Vielen gelang dies auch und sie stiegen zu Wohlstand auf – sie wurden *„vom Tellerwäscher zum Millionär"*, denn schließlich gilt: „Anything is possible. A man is what he makes up his mind to be." (Gish Jen, Typical American).

In die Schlagzeilen geriet die USA lange Zeit durch die **Terroranschläge des 11.September 2001**, bei denen das *World Trade Center* zerstört wurde. Über 3.000 Menschen wurden bei diesen Attentaten getötet und die Sicherheitsvorschriften für die Einreise in die USA um ein Vielfaches verschärft.

Die **Route 66** ist die wohl bekannteste Straße in den USA. Sie ist zum Mythos geworden, da auf ihr die Einwanderer Richtung Westen zogen und sich so ihren Traum von Freiheit und eigenem Landbesitz erfüllten. Auch heute noch ist es ein Traum vieler Menschen, einmal im Leben mit dem Auto oder Motorrad die Route 66 zu fahren. Die Route 66 wurde auch in unzähligen Filmen verewigt.

New York, auch bekannt als der *Big Apple*, ist mit mehr als 8 Millionen Einwohnern die bevölkerungsreichste Stadt der USA. Viele ***Sehenswürdigkeiten*** der Stadt sind weltberühmt, wie as Empire State Building, das Rockefeller Center, die Brooklyn Bridge, die Freiheitsstatue, die Grand Central Station, der Times Square, das Chrysler Building oder die Wall Street. New York zählt zu den teuersten Städten der Welt.

Halloween ist einer der wichtigsten Feiertage in den USA. Leuchtende Kürbisse werden rund ums Haus aufgestellt und man verkleidet sich möglichst gruselig als Hexe, Zauberer, Geister oder Skelett. Kinder ziehen in der Nachbarschaft von Haus zu Haus, rufen „Trick or Treat" und bekommen Süßigkeiten geschenkt. Der Brauch stammt ursprünglich eigentlich aus Irland und diente dazu, böse Geister zu vertreiben. Die USA sind bekannt für ihre **Fastfood-Ketten**. Die Amerikaner lieben es, Fastfood-Produkte wie Burger, Pommes und Co. zu verzehren, statt selbst zu kochen. Die weltweit bekanntesten Fastfood-Ketten stammen aus den USA.

Smalltalk auf Amerikanisch: „How are you?" oder „How're u doing?" wird man in den USA mehrmals täglich gefragt. Das ist aber nicht wörtlich gemeint, sondern für sie ein Zeichen von Höflichkeit. Eine ernsthafte Antwort darauf erwartet niemand. Das ist auch der Grund für das sich hartnäckig haltende Klischee der oberflächlichen Amerikaner. Small Talk mit Fremden steht in den USA wirklich auf der Tagesordnung. Vielen US-Amerikanern ist es nämlich unangenehm, sich gegenseitig anzuschweigen: Unkomplizierte Gesprächsthemen wie Wetter, Sport oder Autos wirken dem entgegen und sollen eine angenehme Atmosphäre aufbauen. Außerdem gehen viele Amerikaner einfach gerne auf andere Menschen zu. Neue Kontakte zu knüpfen, fällt leicht. Ein schnell signalisiertes Interesse darf aber nicht direkt als Zeichen eines Freundschaftsbeginns gedeutet werden. Fallen bei Verabschiedungen beispielsweise Sätze wie „See you later" oder „Feel free to call me anytime", ist dies oft ähnlich floskelhaft gemeint wie die Frage nach dem Befinden.

(Redaktion reisebuch.de)

Gewusst?

Über ein Drittel der Amis glaubt an Aliens und vier von fünf sind sich absolut sicher, dass die Regierung ihnen Informationen und Nachweise von Aliens und UFOS vorenthält. Dazu passt, dass ebenfalls ein Drittel an Bigfoot glaubt. Und die Freiheitsstaate hat die Schuhgröße 876. Einer von fünf Amerikanern hält außerdem die Erde für das Zentrum des Universums. In der amerikanischen Stadt Daytona ist es verboten, Mülltonnen sexuell zu belästigen. „Second Street" ist der häufigste Straßenname in Amerika, „First Street" landet am zweiten Platz. Wer keine Schulden und zehn Dollar in seinem Portemonnaie hat, ist reicher als 25 % Prozent aller Amerikaner. Der westlichste Punkt der USA und der östlichste von Russland sind nur vier Kilometer voneinander entfernt. In Las Vegas ist es per Gesetz verboten, sein Gebiss zu verpfänden. In Georgia darf man Schaufensterpuppen erst dann ausziehen, wenn die Vorhänge geschlossen wurden. Und in Memphis (Tennessee) dürften Frauen eigentlich nur dann hinters Steuer, wenn ein Mann vor dem Auto herläuft und dabei eine rote Fahne schwenkt. Ein Ort in Texas heißt Fischer. Neun Millionen Menschen in den USA schenken ihren Haustieren etwas zum Valentinstag – außerdem fällt der Tag des Kondoms auf dasselbe Datum. Manhattan bedeutet eigentlich so viel wie „Ort, an dem wir betrunken waren". Und in New York leben mehr Iren als in ganz Dublin, mehr Italiener als in Rom und mehr Juden als in Tel Aviv. In Oklahoma ist es verboten, Hunde durch Grimassen zu erschrecken. Außerdem heißen in den USA an die 20 Ärzte Dr. Doctor und in der „Body Farm" beobachtet man den Verwesungsprozess von Menschen unter freiem Himmel. Und in den USA leben mehr Tiger bei privaten Personen als auf der ganzen Welt in freier Wildbahn. Der durchschnittliche Amerikaner verbraucht täglich so viele Rohstoffe wie 32 Menschen in Kenia zusammen. Und 1830 patentierte man Ketchup in den USA als Medizin.

Aus der amerikanischen Küche ...

Bei den USA über typische Nationalgerichte zu sprechen, ist gar nicht so einfach. Die amerikanische Küche hat im Laufe der Zeit unzählige Einflüsse erfahren. Man kann sagen, sie hat sich über Jahrhunderte aus den Essgewohnheiten und traditionellen Familienrezepten der Einwanderer aus vielen Nationen entwickelt.

Was es überall gibt und in nahezu jeder Stadt unübersehbar angepriesen wird, ist Fastfood. Große, inzwischen international bekannte Ketten wie Burger King MacDonalds, Pizza Hut und Kentucky Fried Chicken haben dazu beigetragen, **Hamburger, Cheeseburger, Chicken Wings** & Co. im ganzen Land und darüber hinaus bekannt und beliebt werden zu lassen.

Bei den Süßspeisen sind Pies, gedeckte pastetenartige Kuchen mit fruchtiger Füllung, buchstäblich in aller Munde, vor allem der unvermeidliche **Apple Pie**.

Zu den beliebtesten Gerichten in den USA zählen Spareribs, auf Deutsch: Schälrippchen. Sie gehören zu jedem amerikanischen Barbecue dazu.

Es gibt verschiedene Zubereitungsarten, gegrillt, gebacken oder gebraten, aber das Geheimnis an den leckeren **Spareribs** sind die Marinade und die Sauce.

Spareribs für 2 Personen
4 Rippchen (Spareribs)
Speiseöl
2 Zwiebeln
2 EL braunen Zucker
4 EL Honig
2 EL Weißweinessig
1 EL Worcestersauce
Salz, Pfeffer und Chilipulver nach Geschmack

Die fein gehackten Zwiebeln mit dem Öl in einem Topf glasig dünsten. Den Zucker dazuzugeben und alles karamellisieren lassen. Essig, Honig, Tomatenketchup und Worcestersauce einrühren und aufkochen. Mit Salz, Pfeffer und Chili abschmecken.

Die Spareribs entweder ein paar Stunden in der Sauce marinieren und dann auf dem Grill garen oder in einer Auflaufform mit etwa 3/4 der Sauce übergießen und etwa 60 Minuten bei 200 Grad im Backofen garen, nach 30 Minuten einmal wenden.

Mit der restlichen Sauce servieren.

Die Autoren der einzelnen Beiträge

Ina Coelen-Simeonidis: Typisch griechisch
Autorin u. a. von: *Griechenland genießen – Kochbuch*

Travis Elling: Typisch deutsch
Autor u. a. von: *Andalusien anders entdecken, Berlin anders entdecken, Explore Berlin*

Catrin George: Typisch portugiesisch
Autorin u. a. von: *Algarve genießen – Kochbuch; Algarve erkunden und erleben*

Ferdinand Hauser: Typisch tschechisch
Autor von: *Reiseführer Prag: Am Puls der Stadt*

Astrid Kaiser: Typisch tongaisch
Autorin u. a. von: *In 60 Tagen als Frau allein um die Welt: Eine kurze und bezahlbare Weltreise*

Frederik Klingenschmid: Typisch mexikanisch

Edith Kölzer: Typisch holländisch/niederländisch; Typisch schwedisch

Beatrix Kramlovsky: Typisch australisch
Autorin u. a. von: *Australien Reisebuch: Zwischen Aussteigern und Neuzeitnomaden*

Jürg Kugler: Warum nach Indochina reisen? Typisch vietnamesisch; Typisch schweizerisch
Autor von: *Willkommen in Vietnam: Eine unterhaltsame Lektüre für Reisende nach Indochina*

Wulf Noll: Typisch chinesisch
Autor u. a. von: *Schöne Wolken treffen: Eine Reisenovelle aus China*

Elisabeth Pfurtscheller: Typisch albanisch; Typisch irisch; Typisch österreichisch; Typisch schweizerisch; Typisch spanisch; Typisch ungarisch

Gretel Rieber: Typisch israelisch
Autorin von: *Israel neu entdecken: Touren durch das Heilige Land*

Hans von Rotenhan: Typisch spanisch
Autor von: *Mallorca ist anders – Ibiza erst recht: 58+2 kuriose Storys eines Anwalts von den Balearen; Ibiza und Mallorca, eine Welt für sich: Weitere Geschichten eines Anwalts von den Balearen*

info@reisebuch.de | Kontakt

Google Suche innerhalb von reisebuch.de

Startseite   Verlag   Buchshop   Reiseziele   Rezepte   Reisenews   Reisebücher   Reiseinfos

Reisebuch.de - ReiseMedien, ReiseNews und ReiseInfos

Unser Seller des Monats

Novitäten

Unser Buch des Monats

Buchshop Bestseller

Ina Coelen-Simeonidis **Griechenland genießen** - jetzt anschauen und bestellen! (Partnerlink)

Reise Know-How Reiseführer **Kanada Osten / USA Nordosten** - jetzt anschauen und bestellen! (Partnerlink)

Travis Elling **Explore Berlin** - jetzt anschauen und bestellen! (Partnerlink)

Mario und Martina Steiner **Ab in den Himalya** jetzt anschauen und bestellen... (Partnerlink)

Reisenews - Reisenachrichten

Reisebücher des Monats

Eine märchenhafte Reise nach Thailand planen
Die Planung einer Reise nach Südostasien ist keine leichte Aufgabe! Aber stressen Sie sich nicht zu sehr, dies wird Ihnen helfen, es in...
weiter lesen

Schräge Museen: Eine Reise zu den skurrilsten Sammlungen der Welt
„Der nicht ganz gewöhnliche Guide zu den ungewöhnlichsten Orten der Sammelleidenschaft weltweit und vor der Haustür!"
Viele Menschen...
weiter lesen

Hochgenuss par excellence: Erlesene Weine von Millésima
Für Genussmenschen gehört zu einem köstlichen Essen auf jeden Fall ein edler Tropfen dazu – die Rede ist von erlesenen Weinen. Und diese...
weiter lesen

Bram Stoker, Der Zorn des Meeres - Erzählung
Der irisch-englische Schriftsteller Bram Stoker (1847 - 1912) war ein produktiver, fast rastloser Autor, dem aber nur mit seinem Hauptwerk,...
weiter lesen

Urlaubsplanung: Ferien auf dem Wasser
Muss es immer ein Strandurlaub oder Städtetrip sein? Wer Lust auf etwas Neues hat, kann es einmal mit Urlaub auf dem Hausboot probieren. Mit...
weiter lesen

Raynor Winn, Der Salzpfad (DuMont Reiseverlag)
Die walisischen Farmer Raynor und Moth Winn sind seit über 30 Jahren glücklich verheiratet. Durch eine fatale Fehlinvestition in eine Firma...
weiter lesen

Fluggastrechte durchsetzen: Was können Flightright & Co?
Für alle, die geduldig sind, winken ordentliche Entschädigungen. Auf einer Kurzstrecke sind Fluggesellschaften zur Zahlung von 250 Euro...
weiter lesen

Izabella Gawin, Polen - Der Norden, Dumont Reise-Handbuch
Was das touristische Interesse von Reisenden aus dem Ausland anbelangt, rangiert Polen (noch) nicht im oberen Bereich der beliebtesten...
weiter lesen

Rhein-Flusskreuzfahrten für Reisende ab 50
Flusskreuzfahrten erfreuen sich zunehmender Beliebtheit. Warum muss es auch immer ein großes Meer sein? Schiffsreisen mit Land in Sicht...
weiter lesen

Baedeker's Handbuch für Schnellreisende
Oberflächlich betrachtet könnte man annehmen, es handle sich bei dem handlichen Bändchen im festen roten Einband mit den abgerundeten Ecken,...
weiter lesen

info@reisebuch.de | Kontakt

Reisebuch Verlag

Startseite   Aktuelles   Programm   Autoren   Autor werden   Buchhandel   Lizenzen   Kontakt

Reisebuch Verlag

Reisebuch.de - Reisebuch Verlag

Planen - Reisen - Schreiben; CC0

Reisebuch Verlag – Lektüre für die Reise

Seit 2016 haben wir Reisebücher, Reiseführer und Kochbücher zu diversen Regionen der Welt im Angebot mit Schwerpunkten auf den Balearen, Deutschland, Europa und auch Asien.

Wir produzieren vollwertige *print on demand* **Taschenbücher** und **E-Books**, was den Vorteil hat, dass wir keine Lagerhaltung betreiben müssen und unsere Titel flexibel den aktuellen Bedürfnissen anpassen können.

Unser buntes Verlagsprogramm wird ständig erweitert und aktualisiert.

Interessierte Autoren bzw. Agenturen oder Buchhändler wenden sich bitte mit Anfragen an verlag@reisebuch.de oder benutzen unser Kontaktformular.

Bezugsquellen

Unsere (print on demand) Taschenbücher erhalten Sie versandkostenfrei bei www.amazon.de und auf Bestellung mit Angabe der ISBN im **Buchhandel**.

Unsere **E-Books** können Sie auf allen großen Portalen (z.B. hugendubel.de, thalia.de, amazon.de, itunes.com, ...) auf Ihren E-Book Reader, Ihr Tablet oder Ihr Smartphone herunterladen!

Reisebuch Verlag
Lektüre für die Reise

Unser Programm

Reisebücher
Reiseführer
Kochbücher

Autor werden

Sie möchten uns Ihr *Manuskript* anbieten? Dann besuchen Sie unsere Seite **Autor werden**, um sich über die Konditionen zu informieren. Wir freuen uns auf Ihre Buchidee!

Buchhandel

Als **Buchhändler** können Sie *unsere Verlagstitel* bei uns zu attraktiven Konditionen unkompliziert hier bestellen.

Mail: verlag@reisebuch.de

oder

Fon: 04522 7460 491

Unsere Pressemitteilungen

Weitere Titel im Buchshop sowie im Buchhandel!
www.reisebuch-verlag.de/programm
https://www.facebook.com/reisebuch.de
https://twitter.com/Reisebuch

Reisebuch Verlag

Printed in Poland
by Amazon Fulfillment
Poland Sp. z o.o., Wrocław